Inteligência em Concursos

COLEÇÃO NEUROAPRENDIZAGEM

Aprendendo Inteligência
Estimulando Inteligência
Ensinando Inteligência
Inteligência em Concursos

Prof. Pier (Pierluigi Piazzi)

Inteligência em Concursos

1ª reimpressão

ALEPH

CAPA: Sergio Rossi
ILUSTRAÇÕES DE CAPA E MIOLO: Alan Carvalho
COPIDESQUE: Débora Dutra Vieira
REVISÃO: Entrelinhas Editorial
PROJETO GRÁFICO E EDITORAÇÃO: Sergio Rossi
COORDENAÇÃO EDITORIAL: Débora Dutra Vieira
Janaina Lira
DIREÇÃO EDITORIAL: Adriano Fromer Piazzi

EDITORA ALEPH LTDA.
Rua João Moura, 397
05412-001 – São Paulo – SP – Brasil
Tel.: [55 11] 3743 3202
Fax: [55 11] 3743 3263
www.editoraaleph.com.br

Dados Internacionais de Catalogação na Publicação (CIP)
(Câmara Brasileira do Livro, SP, Brasil)

Piazzi, Pierluigi
Inteligência em concursos: manual de instruções do cérebro para concurseiros e vestibulandos/ Pierluigi
Piazz (Prof. Pier). -- São Paulo : Aleph, 2013. -- (Coleção neuro-aprendizagem ; vol. 4)

ISBN 978-85-7657-138-4

1. Concursos 2. Educação 3. Ensino 4. Inteligência
5. Neurologia 6. Pedagogia I. Título. II. Série.

13-000704 CDD-370.152

Índices para catálogo sistemático:
1. Inteligência : Aprimoramento : Psicologia educacional 370.152
1ª reimpressão
2014

Sumário

Prefácio ... 7
Introdução ... 11

PARTE 1 – Técnicas de estudo

O choque entrópico ... 17
Por que ser autodidata? ... 23
Como gostar de ler ... 33
Planejando com inteligência ... 43
Como estudar ... 53
Um exemplo de pseudocola ... 65
O ritmo de estudo ... 75
Driblando o esquecimento ... 85

PARTE 2 – A necessidade da inteligência

A inteligência está escasseando? ... 95
Os testes de Q.I. ... 105

PARTE 3 – As técnicas durante a prova

Exame *versus* concurso ... 115
Aproveitamento do tempo ... 129
A lógica do autor ... 145
Linguagem e imaginação ... 165
Aritmética *versus* álgebra ... 181

PARTE 4 – Apêndices

1. Livros *versus* TV e computador ... 197
2. Leituras aconselhadas ... 213

Agradecimentos ... 217

Prefácio

There are three schoolmasters for everybody that will employ them – the senses, intelligent companions and books.[1]

Henry Ward Beecher (1813-1887)

Ao anunciar minha intenção de escrever um livro dedicado a "concurseiros", muitos me perguntaram:

– *Mas o mercado editorial já não está saturado de livros com esse fim?*

Sim, realmente, e com muitas obras de excelente qualidade. Não me atreveria a escrever algo nos mesmos moldes.

No entanto, percebi que há um aspecto ainda inexplorado nesse universo: a importância do **desenvolvimento da inteligência** do candidato para a obtenção de melhores resultados.

Na realidade, a realização deste livro foi motivada, basicamente, pelas solicitações de inúmeros leitores dos outros três volumes da Coleção Neuroaprendizagem[2], particularmente do primeiro, *Aprendendo Inteligência*.

– *Você mostrou como estudar enquanto se está cursando um colégio ou uma faculdade* – muitos deles argumentam –,

---

1 Existem três professores para qualquer pessoa que queira empregá-los: os sentidos, os companheiros inteligentes e os livros.

2 Quando o primeiro volume da coleção foi lançado, usei um neologismo para nomeá-la e para sintetizar o tema abordado: Neuropedagogia. Infelizmente, o termo foi apropriado por algumas faculdades de Pedagogia para designar cursos que, lamentavelmente, desvirtuavam seu sentido, misturando psicanálise com o que supunham ser neurociência. Por isso resolvi modificar o título da coleção para Neuroaprendizagem. Só espero que não o deturpem também!

mas, e eu? Já terminei meu ciclo básico e quero me preparar para um vestibular.

Ou então:

– *Já me formei na faculdade e, agora, quero ter sucesso em um concurso público.*

A demanda, portanto, é de estudantes que já não frequentam uma sala de aula formal e querem enfrentar o desafio de um concurso[3].

Bem, a conclusão lógica é simples: se você não está mais em uma sala de aula e pretende continuar estudando, só há uma saída: tornar-se **mais inteligente**, ou seja, **TORNAR-SE AUTODIDATA.**

A rigor, se seu ciclo básico tivesse sido estruturado de maneira séria e inteligente, você já seria um autodidata. Afinal, a primordial finalidade da escola é, aos poucos, **transformar o aluno em estudante**, tornando-o um ser intelectualmente independente.

Isso seria o normal, o esperado por qualquer sistema que se proponha a preparar um jovem para ser plenamente autodidata. Infelizmente, estamos a muitos anos-luz desse objetivo.

Nosso sistema escolar é gerido por pessoas não só incompetentes, mas – e esse é o problema – completamente incapazes, elas próprias, de qualquer tipo de autodidatismo.

Toda vez que ouço uma dessas estranhas pedagocratas[4] se vangloriar de ter feito não sei quantos cursos e ter obtido não sei quantos títulos, penso cá com meus botões: "Coitada, teve uma

---

3 Vestibular também é concurso.

4 Pedagogas burocratas, também chamadas de "pedagogas de gabinete".

formação básica tão deficiente que agora foi obrigada a assistir a uma grande quantidade de aulas para aprender alguma coisa!".

Consequentemente, nosso sistema educacional, submetido à ditadura intelectual de pedagocratas conservadoras[5], sequer ventilou a hipótese de o modelo autodidata não ser uma exceção, e sim a regra em nossas instituições de ensino!

– *Mas agora não é tarde demais para me tornar um autodidata?* – ouço você questionar.

Nunca é tarde demais!

Ler atentamente este livro e colocar em prática suas ideias é, certamente, o primeiro passo para subir a "escada da inteligência" e se livrar da escravidão que é ser um aluno; é um meio eficaz para conseguir se transformar em estudante de fato: um verdadeiro e eficiente autodidata![6]

Note que tudo o que for dito ao longo deste texto tem validade, mesmo que você, por insegurança ou por falta de acesso a informações essenciais, esteja frequentando um curso preparatório, seja ele destinado a concursos públicos ou a exames vestibulares.

O que você precisa ter em mente é que as aulas, por mais bem dadas que sejam, são apenas um prelúdio para o verdadeiro trabalho: o estudo solitário. Se você não se conscientizar disso, continuará jogando seu tempo e seu dinheiro no lixo!

---

5 Felizmente, em minhas andanças pelo Brasil fazendo palestras em escolas, tenho encontrado inúmeras pedagogas inteligentes, revoltadas com essa ditadura das pedagocratas.

6 Esta leitura vai lhe permitir, também, tirar o máximo proveito de outros excelentes livros que foram escritos para quem quer se preparar para um processo seletivo, seja vestibular ou concurso público.

É provável que você tenha sido vítima de um sistema educacional ineficiente, mas nunca é tarde demais para reverter a situação!

Pare de se preocupar em ser um bom aluno e torne-se um excelente estudante!

Introdução

You don't have to be a genius when you're surrounded by morons.[1]

Josh Lieb (1972-)

Em 1967, frequentei um curso de computação na Faculdade de Higiene e Saúde Pública da USP. Era ainda a época dos cartões perfurados e dos gigantescos *mainframes*.

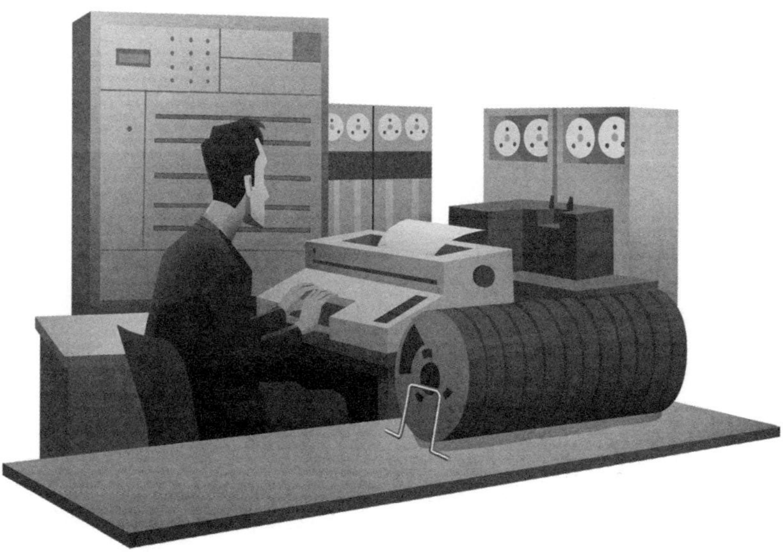

Conversando com o engenheiro que nos estava ensinando FORTRAN, perguntei o que faziam com o computador – um gigantesco IBM – nas horas de ociosidade.

1 Você não precisa ser um gênio quando está cercado por imbecis.

Ele me contou, pedindo sigilo (que vou quebrar agora, pois o motivo deixou de existir), que o equipamento era utilizado para fazer simulações para o CESCEM, entidade que organizava os concursos vestibulares para as principais faculdades de medicina do Estado de São Paulo, os quais contavam com provas de matemática, geografia, física, conhecimentos gerais, história etc.

Uma dessas provas, porém, era um teste de Q.I. disfarçado sob o nome de "Nível Mental", com questões semelhantes àquelas propostas para se obter certos tipos de carteira de habilitação:

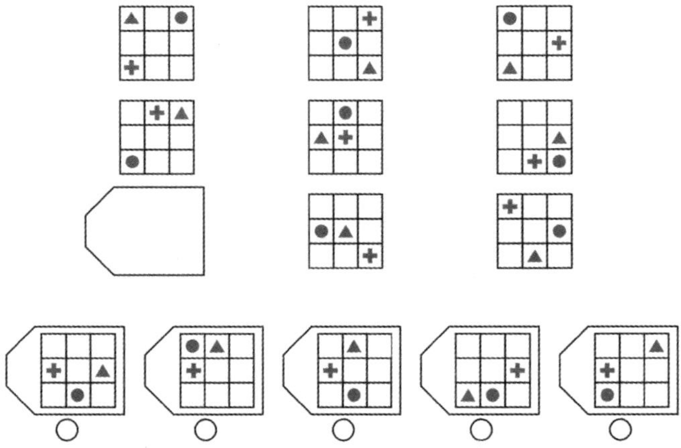

Mande críticas e sugestões para inteligenciaemconcursos@gmail.com, e receba a resposta deste e de outros testes similares apresentados ao longo do livro.

Pois bem, nessas simulações realizadas no IBM, eram alterados os pesos das várias provas e, posteriormente, se verificava em que medida essas mudanças poderiam influir na lista de aprovados.

A grande surpresa (mantida em segredo por muitos anos) foi a constatação de que, se todas as provas passassem a ter peso ZERO e só fosse levado em conta o resultado do teste de Q.I., a lista de aprovados teria sido praticamente a mesma!

Ou seja, quem tem mais chances de se sobressair em um concurso (bem elaborado, insisto) **não é quem sabe mais, é quem é mais inteligente!**

Como só muito recentemente as neurociências demonstraram que **inteligência, talento** e **vocação** são qualidades aprendidas, fica óbvio o porquê do sigilo.

Naquela época, acreditava-se que a inteligência fosse um fator genético (como a cor dos olhos), e que a divulgação da descoberta poderia desestimular muita gente a estudar.

Agora, porém, o resultado daquela simulação, em vez de nos desestimular, nos mostra que a estratégia é simples: se tornar cada vez mais inteligente!

Em um mundo onde as pessoas estão sendo cada vez mais imbecilizadas pela TV, pelo *video game*, pela internet etc., um candidato que se preocupe em melhorar seu nível de inteligência leva uma vantagem enorme.

A inteligência é uma *commodity* que está escasseando. Lembre-se, portanto, da lei da oferta e da procura!

Por isso, sua tarefa ao longo deste livro é aprender a se tornar cada vez mais inteligente, única maneira de garantir seu sucesso.

Quem tem mais chance de se sair bem em um concurso não é o candidato que sabe mais, é aquele que conseguiu se tornar mais inteligente!

Parte 1

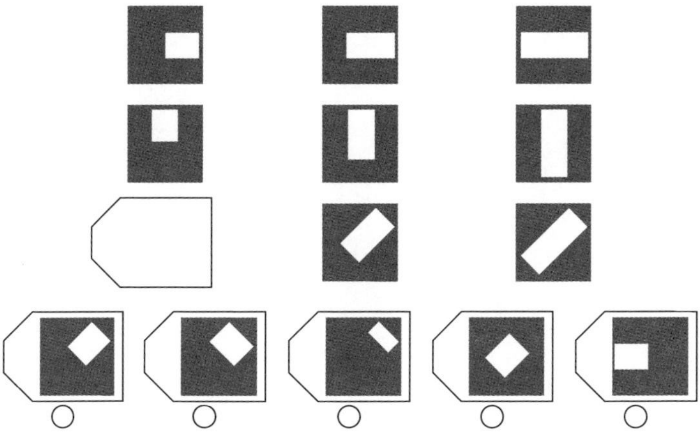

TÉCNICAS DE ESTUDO

O CHOQUE ENTRÓPICO

In Italy for thirty years under the Borgias they had warfare, terror, murder and bloodshed but they produced Michelangelo, Leonardo da Vinci and the Renaissance. In Switzerland, they had brotherly love; they had five hundred years of democracy and peace and what did that produce? The cuckoo clock![1]

Orson Welles (1915-1985)

Durante alguns anos ensinei Teoria Geral dos Sistemas e Cibernética em um programa de pós-graduação na PUC-COGEAE de São Paulo.

O curso se destinava a formar terapeutas familiares, e me vi perante a hercúlea tarefa de ensinar o conceito de entropia a pessoas de formação humanística ou, na melhor das hipóteses, biomédica.

Para quem nunca estudou termodinâmica, poderia dizer que a entropia de um sistema é o grau de desordem desse sistema.

E nem sempre a desordem é algo ruim, algo negativo.

É na desordem gerada pelas crises que surgem novas ideias, novos conceitos e até soluções para problemas que, antes da ocorrência da desordem, eram tidos como insolúveis.

---

1 Na Itália, ao longo de trinta anos sob o domínio dos Borgia, eles tiveram guerras, terror, assassinatos e derramamento de sangue, porém produziram um Michelangelo, um Leonardo da Vinci e o Renascimento. Na Suíça, eles tiveram amor fraterno, cinco séculos de democracia e paz. O que isso produziu? O relógio de cuco!

Outro conceito difícil de explicar foi o de homeostase. Trata-se da tendência que sistemas têm de assumir um estado de equilíbrio.

Se não fosse a homeostase, caro leitor, você estaria agora oscilando entre febres cavalares e tremores gelados.

Seu organismo é homeostático.

Sua vida é homeostática!

Para entender melhor essa ideia, imagine um sistema qualquer que tenta manter uma situação de equilíbrio. Por exemplo, uma bola no fundo de uma cavidade:

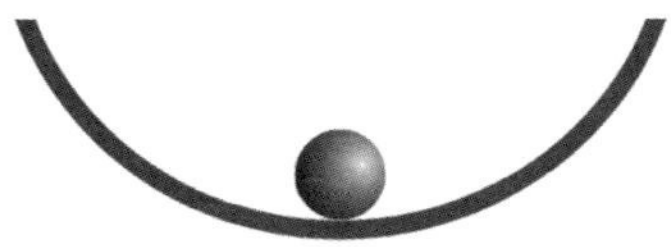

Se o sistema for homeostático, quanto mais desequilibrado ele estiver, mais intensas serão suas tentativas de reajuste.

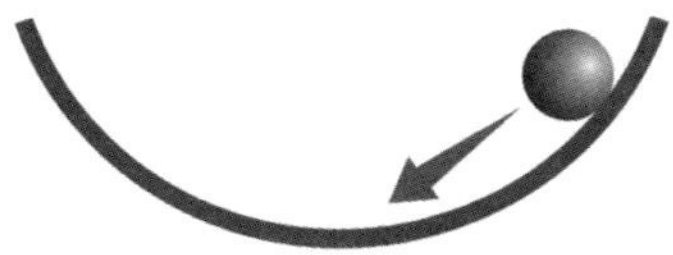

Conforme o sistema vai se alterando, quanto mais ele se aproximar do estado de equilíbrio, mais esses ajustes se tornarão gradativamente mais suaves.

Obviamente, ao atingir o estado de equilíbrio, o sistema para de mudar.

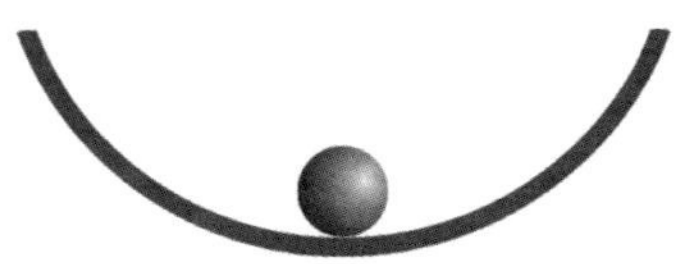

Mas essa é a questão a que quero chegar: o estado de equilíbrio que o sistema atingiu nesse momento é o melhor possível?

Normalmente, não. É apenas o primeiro estado de equilíbrio que foi alcançado e, portanto, é o que causou o fim das tentativas de mudança.

Se nada acontecer, o sistema ficará acomodado nesse estado.

No fundo, é o que acontece com a vida da maioria das pessoas. É a rotina que tem medo da mudança.

De repente, um choque entrópico bagunça tudo! É a crise! A desordem impera!

E o sistema começa a mudar, a buscar um novo equilíbrio. Provavelmente melhor que o anterior![2]

Quando alguém resolve se submeter a um exame, a um teste, a um concurso ou a um vestibular, o que normalmente ocorre é um choque entrópico.

Um novo equilíbrio deve ser buscado. Tentar voltar ao velho equilíbrio é, por via de regra, terrivelmente contraproducente.

Já vi muitos "bons alunos" fracassarem em seus desafios por tentarem repetir os equívocos que cometeram para serem "bons alunos".

– *Mas... ser um bom aluno é um equívoco?* – ouço você perguntar.

Paradoxalmente... sim!

Em um sistema escolar "surrealisticamente" ineficiente e distorcido como é o brasileiro, ser um bom aluno é ser alguém que tira boas notas, que entrega os trabalhos em dia (se possível com alguns enfeites na capa), que não tem problemas disciplinares e que nunca ficou em recuperação nem repetiu de ano.

---

2 A sabedoria popular já conhecia esse fenômeno quando inventou a expressão "Há males que vêm para bem!".

Ou seja, se você leu a citação de Orson Welles no começo deste capítulo, um bom aluno é "suíço"!

Com certeza não será aprovado em uma boa faculdade de medicina nem conseguirá uma classificação decente em um concurso para promotor público; por outro lado, talvez venha a ser um eficiente fabricante de relógios de cuco![3]

Quer ter sucesso nos desafios em que fracassam os "suíços" da vida?[4]

Tenha coragem de ser "italiano"! Pare de ser um "bom aluno" e torne-se um "bom estudante"!

Dê uma sacudida entrópica na sua maneira de ser, jogue fora velhos conceitos e falsos valores e salte para patamares mais elevados de inteligência.

Quantas centenas de e-mails e depoimentos pessoais tenho recebido dos leitores do volume 1 desta coleção, *Aprendendo Inteligência*, todos repetindo as mesmas frases: "pena que não li antes", ou "estudei errado a vida toda".

São os "suíços" tomando consciência de que foram vítimas dos crimes cometidos pelo famigerado exército de pedagocratas, a maioria das quais agarrada com unhas e dentes a seus cargos injustamente bem remunerados no Ministério da Educação ou nas secretarias estaduais e municipais.

---

3 Você certamente já ouviu frases do tipo: "Que estranho, na minha turma o primeiro da classe não foi quem se deu melhor na vida". Mas é óbvio: ele foi o melhor aluno, não o melhor estudante!

4 Antes que eu seja processado pela embaixada suíça no Brasil, quero deixar bem claro que estou usando "suíço" e "italiano" no contexto da citação de Orson Welles. Aliás, uma das instituições menos "suíças" que já visitei e onde fiz palestras para alunos e pais foi justamente a excelente Escola Suíço-Brasileira de São Paulo.

Trate, então, de se concentrar na busca por outro estado de equilíbrio, bem mais elevado do que o atual.

Como? ESTUDANDO COM INTELIGÊNCIA!

Veja, por exemplo, a saia justa dos que não estudaram com inteligência.

Durante um daqueles ataques do crime organizado que costumam acontecer em São Paulo toda vez que há eleição, o então governador em exercício, Cláudio Lembo, pedindo calma à população, exclamou inteligentemente: "Não vamos aumentar a entropia!".

Nenhum âncora ou repórter das várias emissoras de rádio e TV soube dizer o que era "entropia". Uma jornalista chegou, mesmo, a buscar a definição física em uma enciclopédia, aumentando mais ainda a confusão (e a entropia!).

Note que em qualquer curso de jornalismo estuda-se Teoria da Informação. E que um dos conceitos mais importantes dessa área do conhecimento é justamente o de Entropia da Informação.

Certamente todos esses jornalistas, extremamente ignorantes, estudaram de forma burra, retendo a informação apenas o tempo suficiente para tirar nota em uma prova e esquecendo tudo logo a seguir.

Se tivessem estudado de forma INTELIGENTE, não teriam esquecido e não teriam feito o papelão que fizeram.

Jogue fora velhos conceitos, dê uma sacudida em sua vida e comece a estudar de forma inteligente!

POR QUE SER AUTODIDATA?

That is what learning is. You suddenly understand something you've understood all your life, but in a new way.[1]

Doris Lessing (1918-)

Desde a época na qual um pai, com paciência, mostrava ao filho como lascar uma pedra de sílex para fazer uma machadinha de mão, até meados do século 20, quando um jovem de 18 anos entrou em uma sala de aula para mostrar a outros jovens como derivar um polinômio[2], os mecanismos de aprendizagem foram gradativamente sendo aperfeiçoados, inclusive na base da "tentativa e erro".

Bem ou mal, até sem querer, a escola da década de 1960 nos ensinava a ser autodidatas. Seu maior defeito era o de não estar ao alcance de todos. As que existiam, porém, funcionavam de uma forma bastante satisfatória.

As moças que tinham vocação para o magistério faziam um curso de nível técnico, o chamado "Curso Normal", e tornavam-se excelentes professoras; alfabetizavam crianças com cartilhas silábicas (tipo *Caminho Suave*) e ensinavam a tabuada e as quatro operações fundamentais.

Havia um exame de admissão, na passagem do primário ao ginásio, para selecionar os futuros autodidatas e permitir que os que

---

1 Aprender é isso. De repente você entende algo que entendeu a vida toda, mas de outro jeito.

2 Minha primeira aula "oficial" na vida!

ainda não tinham chegado ao nível mínimo exigido por esse exame, completassem sua formação antes de passar à fase seguinte.[3]

Aí, começou a desgraça!

As moças que tinham vocação para seguir a carreira de professoras, mas queriam ostentar um título de nível superior, foram cursar pedagogia ou letras em cursos universitários absolutamente medíocres, tornando-se vítimas e involuntárias cúmplices da elaboração de um dos piores sistemas educacionais do mundo![4]

Aquela maravilhosa formação que era dada pelo Curso Normal (Magistério) degenerou para mera corrida desvairada atrás da última moda em termos de métodos pedagógicos! E nosso país foi se transformando, gradualmente, de uma nação de analfabetos para uma nação de pseudoalfabetizados (os analfabetos funcionais).

Após vinte anos de ditadura militar começamos a viver em outra muito pior: a ditadura da burrice.[5]

E essa não é uma opinião baseada em "achismos". A Organização para Cooperação e Desenvolvimento Econômico realiza um exame trienal (PISA – Programa Internacional de Avaliação de Alunos) no qual é aferida a qualidade do sistema educacional dos países participantes. A situação do Brasil é VERGONHOSA!

---

3 O exame de admissão poderia ser prestado por um aluno que tivesse completado o 4º ano do primário. Se fosse aprovado, teria demonstrado maturidade para passar ao ginásio. Se não fosse, seria promovido ao 5º ano do primário para poder amadurecer mais um pouco. Alguns chegavam até a cursar o 6º ano.

4 É claro que essa regra tem honrosas exceções: conheço inúmeros(as) pedagogo(as) e professores(as) de literatura brilhantes.

5 Sei que muitas pessoas podem achar agressivas essas minhas considerações. Vamos, porém, raciocinar um pouco: se alguém não começar a gritar aos quatro ventos que "o rei está nu", a ditadura vai continuar com consequências catastróficas para o futuro de nosso país!

Resultado resumido de proficiência em Ciências - PISA 2009	
Classificação	**País**
1º	China
2º	Finlândia
8º	Japão
12º	Austrália
14º	Holanda
15º	Nova Zelândia
16º	Suíça
20º	Alemanha
21º	Reino Unido
23º	Noruega
24º	Portugal
25º	Dinamarca
30º	Estados Unidos
31º	Espanha
33º	Suécia
35º	França
36º	Itália
37º	Áustria
38º	Rússia
43º	Chile
44º	Israel
48º	Uruguai
51º	México
53º	Argentina
55º	Tunísia
56º	Colômbia
57º	Brasil
63º	Peru
65º	Quirguistão

Fonte: PISA 2009 results. What students know and can do: student performance in Reading, Mathematics and Science. v. 1. OECD, 2010.

Logo após o fracasso "dunguiano" na Copa do Mundo de 2010, recebi um e-mail do senador Cristovam Buarque:

> *Entre os países que disputaram a Copa do Mundo na África do Sul, a seleção brasileira conseguiu um nada vergonhoso oitavo lugar. E o Brasil inteiro entrou em depressão! Em compensação, em educação estamos, no mundo, em 57º lugar! 57º! E todo mundo acha isso normal!*

E as pedagocratas desvairadas que assumiram abusivamente o papel de ditadoras da educação brasileira, ficam delirando com construtivismo, PCNs, competências e habilidades, estudo do meio e tantos outros modismos desvairados.[6]

E como se não bastasse, muitas professoras e professores de literatura (com raras exceções), normalmente monoglotas e dotados de um repertório paupérrimo de leituras, insistem em criar, junto à juventude, um ódio visceral pela leitura, empurrando goela abaixo de suas vítimas os Machados e os Alencares da vida.

Eu descobri o porquê desse ímpeto sádico: essas pessoas não conhecem outra coisa além dos chamados "clássicos". Fingem-se intelectuais, mas, infelizmente, não dispõem de uma bagagem minimamente razoável de leituras.

E você, querido leitor, provavelmente foi vítima dessa coleção de absurdos.

---

6 Desvairados mesmo! Já conversei com professoras de escolas públicas que foram PROIBIDAS de alfabetizar seus alunos com cartilha ou de lhes ensinar tabuada!

Há, entretanto, uma luz no fim do túnel.

As neurociências, aprofundando o estudo sobre uma coisa maravilhosa que é o cérebro humano, permitem vislumbrar técnicas que levam ao pleno aproveitamento desse órgão.

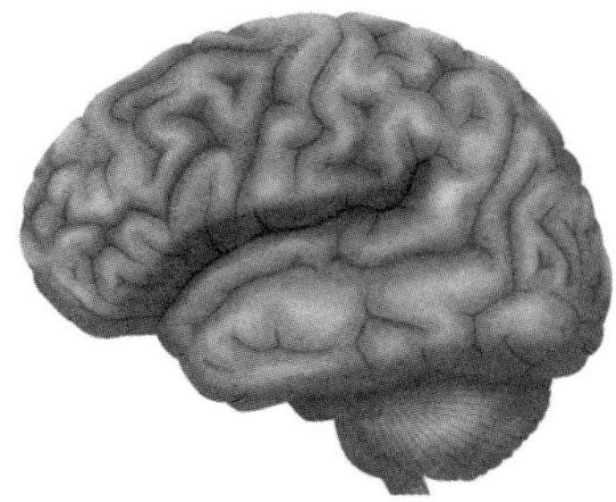

Uma das descobertas fundamentais foi a de que ninguém aprende coisa alguma se não for autodidata.

Há alguns anos, dei uma entrevista à *Folha de Londrina*; quando a jornalista me perguntou qual o principal motivo para a situação educacional do Brasil ser tão catastrófica, minha resposta a surpreendeu, e foi parar na primeira página do jornal:

Brasil tem milhões de alunos e pouquíssimos estudantes.

Veja bem, não só os termos "aluno" e "estudante" não são sinônimos como há uma diferença brutal entre um e outro.

Aluno é alguém que assiste a aulas. Essa é uma situação **coletiva** e **passiva** que não leva à aprendizagem, mas sim, na melhor das hipóteses, à compreensão, ao entendimento.

Estudante, por outro lado, é alguém que **estuda**. E estudar é uma situação **solitária** e **ativa**! Estudar é o que leva, na verdade, à aprendizagem.

Repito, estudar é uma situação **solitária** e **ativa**.

Solitária porque ninguém está estudando se não estiver sozinho. Durante a aula você está sozinho? Não? Então durante a aula você não está estudando!

– *Ah! Mas montamos um grupo de estudos!*

Quer fazer o favor de prestar atenção? Se for grupo, não é estudo!

Estudar é algo que ninguém pode fazer por você! É individual. Durante o estudo você deve estar tão solitário quanto durante uma prova.

Além disso, estudar é um exercício **ativo**. Isso tem uma consequência surpreendente: **ninguém está estudando se não estiver escrevendo.**

E quando digo escrevendo, estou me referindo exclusivamente àquilo que se faz com lápis e papel. Ou seja, **escrever não é digitar!**[7] E muito menos sublinhar ou usar a ridícula e inútil canetinha marca-texto.

---

7 Se quiser uma justificativa científica para essa recomendação, leia o Apêndice 1.

– Mas eu estou lendo um texto. Não estou estudando?

Não, meu caro (ou minha cara), você está lendo.

Estudar não é ler, é escrever!

– Ué, então como faço para aprender o que está naquele texto?

Simples: pegue um lápis (ou uma caneta), um pedaço de papel e ESCREVA (e/ou DESENHE) tudo o que for importante naquele texto.

Um amigo, certo dia, se queixou comigo:

– Pier, estou me preparando para um concurso. Estudo 14 horas por dia. Mas não rende! Quando chego ao final do assunto, já esqueci o começo!

Fui até a casa dele conferir a maneira como estudava e dei a bronca:

– Meu caro, pelo jeito você não está estudando 14 horas por dia. Você está lendo 14 horas por dia! Estudar é escrever!

– Mas eu escrevo – retrucou ele. *– Estou fichando tudo no computador!*

Peguei o *notebook* dele e joguei no cesto de lixo (delicadamente, pois sabia que ele o pegaria de volta) e entreguei um lápis:

– Esse é o verdadeiro instrumento de estudo! Escreva e desenhe!

Já vi muito vestibulando e muito concurseiro se queixar do baixo rendimento de horas e horas de massacrante estudo quando, na realidade, se tratavam de **horas e horas de leitura. Estudo que é bom... nada!**

Há quem chegue a frequentar cursos de "leitura dinâmica" para poder ler mais rapidamente.[8] Veja até que ponto pode ir a ingenuidade das pessoas em relação ao que é ESTUDAR!

Espero que você tenha entendido que estudar é uma situação **solitária** e **ativa**! Portanto, essa é a condição do **autodidata**.

Lembre-se, porém, de que ninguém consegue ser verdadeiramente um autodidata se não tiver muita desenvoltura, inclusive na fase da leitura. E só tem uma boa interpretação de texto e um vasto vocabulário quem lê muito.

---

8 Eu nunca fiz curso de leitura dinâmica e leio com uma rapidez três vezes maior que a normal. Mais adiante, você vai descobrir que o truque é simples: **ler muito**. Quanto mais você lê, mais veloz a leitura se torna. Mas lembre-se: a leitura permite entender, mas não aprender!

E só lê muito quem lê por prazer.

Por isso, fuja dos clássicos pedantes e aborrecidos e comece a procurar leituras que o fascinem, que o prendam.

Estudar é um ato solitário que se realiza escrevendo e desenhando, não lendo ou digitando. Ser estudante é ser autodidata!

COMO GOSTAR DE LER

Some books are to be tasted; others to be swallowed; and some few to be chewed and digested.[1]

Francis Bacon (1561-1626)

Um ponto importantíssimo deve ficar muito claro desde já: só consegue fazer seu nível de inteligência aumentar quem for um leitor.

Leitor é alguém que tem na leitura uma de suas principais fontes de divertimento.

Insisto, ser um leitor não é "saber ler". Isso é ser alfabetizado (ou quase).

Ser um leitor é ler para se divertir! É ler como fonte de prazer. Se você não sente prazer em ler, se você não sente a necessidade de desligar a TV para ler seu livro sossegado... você NÃO É UM LEITOR!

Os já citados exames do PISA mostram que os melhores resultados são obtidos por jovens que **gostam de ler ficção em livros** NÃO INDICADOS PELA ESCOLA.

Portanto, o melhor caminho para se tornar mais inteligente é se divertir da forma mais útil e proveitosa: lendo.

Acontece que leitura é um pouco como música: o prazer vai surgindo aos poucos.

---

1 Alguns livros são para serem degustados, outros engolidos e alguns poucos para serem mastigados e digeridos.

Se o sujeito for, por exemplo, um grande curtidor de funk, é provável que durma ao ouvir Mozart.

Mas, se tiver acesso à boa música durante um longo período, é quase certo que nunca mais vá querer ouvir funk ou pagode. Só que a passagem de um Zeca Pagodinho a um Puccini não se dá em um salto. Existem etapas intermediárias.

Se você tiver curiosidade em saber, por exemplo, quais os livros mais lidos ou os mais importantes já publicados, basta entrar na Internet. Ou os cem livros mais vendidos (que, normalmente, não são os mais importantes!).

Pode ser que você esteja procurando os mais indicados em concursos vestibulares. Clicando no link dessa pesquisa, veja o que encontrei na lista ao lado. Dá para entender por que o brasileiro odeia ler!

Não é certamente o tipo de literatura que alguém escolheria, de livre e espontânea vontade, para criar o prazer pela leitura.

Essa lista é a demonstração insofismável da mediocridade que reina em nossas faculdades de letras. E o pior é que os que indicam essas obras se acham cultos!

São verdadeiros parvos intelectualmente limítrofes que ignoram completamente a existência de Orwell, Melville, Clarke, Somerset Maugham, Asimov, Bradbury, Aldiss, Huxley, Eco, Pirandello, Rosny aîné, Verne, Dostoievski e tantos outros gênios da literatura mundial. Eclipsados por quem?

Euclides da Cunha! Pelo amor de Deus!

Se você, porém, quiser livros para ler e se divertir, para usufruir suas horas de lazer substituindo a TV e o computador, bem, a história é diferente!

Auto da barca do inferno	Gil Vicente
Os lusíadas	Camões
Biografia	Eça de Queirós
O crime do padre Amaro	Eça de Queirós
A cidade e as serras	Eça de Queirós
Poemas completos de Alberto Caeiro	Fernando Pessoa
Memórias de um sargento de milícias	Manuel Antônio de Almeida
Lira dos vinte anos	Álvares de Azevedo
Iracema	José de Alencar
O cortiço	Aluísio de Azevedo
O ateneu	Raul Pompéia
Biografia	Machado de Assis
Memórias póstumas de Brás Cubas	Machado de Assis
Dom Casmurro	Machado de Assis
Os sertões	Euclides da Cunha
Triste fim de Policarpo Quaresma	Lima Barreto
Macunaíma	Mario de Andrade
Vidas secas	Graciliano Ramos
Capitães da areia	Jorge Amado
Fogo morto	José Lins do Rego
Biografia	Carlos Drummond de Andrade
A rosa do povo	Carlos Drummond de Andrade
Antologia poética	Carlos Drummond de Andrade
O tempo e o vento	Érico Veríssimo
Romanceiro da inconfidência	Cecília Meireles
Grande sertão: veredas	Guimarães Rosa
Biografia	Guimarães Rosa
Sagarana	Guimarães Rosa
Vestido de noiva	Nelson Rodrigues
Auto da compadecida	Ariano Suassuna
A hora da estrela	Clarice Lispector
Seminário dos ratos	Lygia Fagundes Telles
Dois irmãos	Milton Hatoum

Veja, estamos planejando substituir uma forma de lazer imbecilizante (eletrônica) por outra, muito mais divertida, e que faz a inteligência aumentar.

Em primeiro lugar, lembre-se: **na realidade, ninguém odeia ler.**

As pessoas odeiam os livros chatos que lhes foram enfiados goela abaixo por um sistema escolar imbecil e acham que todos os livros do mundo são tão chatos quanto os que lhes foram impostos.

Muito antes de existir a escrita, toda cultura era transmitida oralmente (os ciganos fazem isso até hoje); portanto, o "contador de histórias" era uma figura importantíssima em qualquer comunidade. E quando a história era acompanhada de música, então, era muito mais fácil de ser memorizada.

Logo, o ser humano é, por natureza, geneticamente programado para ser um contador e um escutador de histórias. Em resumo, todo mundo adora que alguém lhe conte uma boa história.

E é isto que o livro faz: conta histórias. Portanto, todo mundo ama ler, só que algumas pessoas não sabem disso.

Mas é fácil descobrir.

Em primeiro lugar, não compre livros! Vá a uma biblioteca e comece a ler um livro qualquer.

Mas não exagere no "qualquer". Não vá começar, por exemplo, com *Crítica da razão pura*, de Kant, ou *Prolegômenos*, de Hjelmslev.

Como já disse, escolha um livro que conte uma história. Pode ser ficção, biografia, relato histórico etc. Mas deve contar uma história tão fascinante, tão interessante, que você não consiga largar.

– Qual é esse livro fantástico?

Não sei, cada um tem o seu. Para encontrá-lo, comece a ler.

Se depois de ler um capítulo você achar que é chato... PARE e comece outro!

Sua tarefa não é ler um livro, mas achar o seu livro.

Aquele livro que foi escrito para você, aquele que conta a história que você gostaria de conhecer!

Ao mudar de livro, tente, também, mudar de gênero. Se você começou com um texto policial e não gostou, tente um romântico ou de terror.

Continue a sua busca. Se o novo livro também for chato, pare e comece outro. Você vai encontrar!

E na hora que o encontrar... vai se surpreender: você não conseguirá parar!

O risco inerente a esse método é ter a sensação, depois de meia dúzia de tentativas frustradas, de que todo livro é chato!

Não é verdade. Seu livro existe e em breve você vai achá-lo. Não desista! Todo mundo encontra o seu!

– *Mas* – ouço você argumentar –, *o que você aconselha?*

Pois é, esse é o ponto! Cada um tem seu próprio primeiro livro. Eu, por exemplo, adoro ficção científica; tem gente que odeia. Essa é uma busca muito pessoal.

A única certeza é que, depois do primeiro livro, virá o segundo, o terceiro e assim por diante. Em pouco tempo é até capaz de você achar *Os sertões* divertido!

Só para ter uma ideia de como é simples seguir esse conselho, vou me permitir reproduzir um dos milhares de e-mails que recebi após a publicação do primeiro volume desta minha coleção. Omitirei o nome completo do remetente, bem como o da escola, para preservar a privacidade do jovem que o enviou.

Bom dia professor Pier,

*Primeiramente é uma honra ter tido a oportunidade de ler seu livro, meu nome é Gabriel ****, tenho 14 anos de idade, sou do Colégio **** e gostei muito de suas dicas, e estou fazendo um esforço tremendo para colocá-las em prática.*

Uma já coloquei: foi o hábito da leitura. Fui a uma livraria e fiquei uma hora (sem exagero) escolhendo o livro com que eu mais me identificava.

Senti um negócio pelo clássico ***Sherlock Holmes — Um Estudo em Vermelho****, comprei o livro de bolso, tinha 245 paginas e eu li em dois dias!*

Foi impressionante, comprei em uma quinta-feira à noite e li só um pouco, pois já estava tarde e tinha aula no outro dia.

Na escola muitas vezes não via a hora de acabar a aula para jogar video game, mas nesse dia eu não via a hora de acabar a aula e eu ir para casa para ler o livro.

Não te falei, mas jogo futebol de campo no São Paulo Futebol Clube (futebol de base), então eu passo a tarde inteira fora. Na sexta voltei à noite e peguei para ler, faltavam 200 e poucas páginas. Li inteiro, viajei tanto que depois que bati o livro vi que era 2h30 da madrugada. Foi o dia que dei adeus à vida de verme![2]

Isso não faz muito tempo, foram umas semanas atrás. Acabei de terminar no fim de semana o meu segundo livro, o romance de Julio Verne Vinte Mil Léguas Submarinas, agora estou lendo outro que se chama Uma Burca por

---

2 É que na palestra que fiz no colégio do Gabriel, disse brincando que quem adora ler é um ser humano, e quem não lê é um verme rastejante no lodo da ignorância!

Amor, conta a história de uma inglesa que se apaixona por um afegão.

Professor Pier muito obrigado por ter me mostrado que tão extraordinário é o mundo da leitura, e também por ter me ajudado a estudar para a vida e não para a prova.

Note que o Gabriel encontrou o *Estudo em vermelho* em uma livraria! Aqui tenho mais uma informação crucial nesse mundo invadido por *notebooks* e *tablets*: ler em uma tela que emite luz não permite nem 30% da compreensão obtida ao se ler a mesma coisa em papel, que reflete luz.

Há estudos que mostram, por exemplo, que notícias lidas em jornal impresso geram muito mais conhecimento que as mesmas notícias lidas na internet!

Os mecanismos neurais envolvidos na leitura em tela luminosa e em papel opaco são bem diferentes.

Só para que você tenha uma ideia, na tela que emite luz as várias cores são obtidas pela SOMA das cores fundamentais RGB (*red*, *green* e *blue*).

Por exemplo, para obter um verde esmeralda, a "receita" é:

RED (vermelho) 0%
GREEN (verde) 33%
BLUE (azul/violeta) 16%

No papel, por outro lado, as cores são obtidas por SUBTRAÇÃO, ou seja, os pigmentos da tinta CMY (*cian*, magenta e *yellow*) retiram da luz branca incidente todas as cores menos uma, que é refletida.

Quem já brincou com tintas quando criança sabe muito bem que o mesmo verde teria como "receita":

MAGENTA (magenta) 0%
CIAN (azul-celeste) 50%
YELLOW (amarelo) 50%

Um ex-aluno (hoje engenheiro eletrônico) tomou conhecimento de meus livros de neuroaprendizagem por intermédio de seu filho, que assistiu a uma de minhas palestras na escola onde era aluno. Ao me encontrar, exclamou:

– *Se tivéssemos lido seu volume 3 (Ensinando inteligência) há dois anos, teríamos economizado milhões de dólares!*

Perplexo, perguntei por quê. Ele me respondeu que a empresa dele havia criado *e-books* (livros eletrônicos) com tela luminosa, achando isso uma vantagem (dá para ler em ambientes escuros). Foi um fracasso!

Hoje, os *e-books* não têm mais tela, mas estão equipados com um *display* de *electronic paper* (que simula papel) e exigem claridade no ambiente para serem lidos (alguns modelos vêm até com um pequeno "abajur" incorporado).

Portanto, se um texto tiver de ser lido e estudado com atenção, deve estar impresso em PAPEL! Um computador sem impressora é inútil para quem quiser se preparar de verdade.

Encontre seu livro e torne-se um leitor.
Se um dia você pronunciar a frase "Li o livro e assisti ao filme, mas o livro é muito melhor!", você se tornou um leitor!

PLANEJANDO COM INTELIGÊNCIA

Failing to plan is planning to fail.[1]

Alan Lakein

Antes de começar esta jornada é indispensável que você saiba algumas coisas básicas com relação ao funcionamento de seu cérebro.

Ao contrário de um computador, seu cérebro não armazena dados. O mecanismo de armazenamento do cérebro é bem diferente.

Por exemplo, se alguém lhe pedir para fechar os olhos e imaginar uma Ferrari, é possível que você evoque, em sua visão interior, a imagem de um carro vermelho.

1 Falhar em planejar é planejar para falhar.

Essa imagem, porém, não está armazenada em seu cérebro. O que há nele, em seu lugar, é uma gigantesca rede de neurônios (milhares) interconectados de forma absurdamente complexa, completamente inativa.

Ao receber o estímulo "imagine uma Ferrari", a rede é disparada em sua extremidade de entrada, e pulsos elétricos percorrem os neurônios de forma ramificada e aparentemente caótica, criando no final a imagem do carro vermelho.

Assim que o estímulo cessa, o carro desaparece!

Isso significa que seu cérebro não armazenou a imagem da Ferrari. Ele configurou um percurso neural que permite recriar a imagem tantas vezes quantas forem necessárias.

O cérebro, portanto, não armazena dados; ele armazena os percursos que permitem recriar os dados!

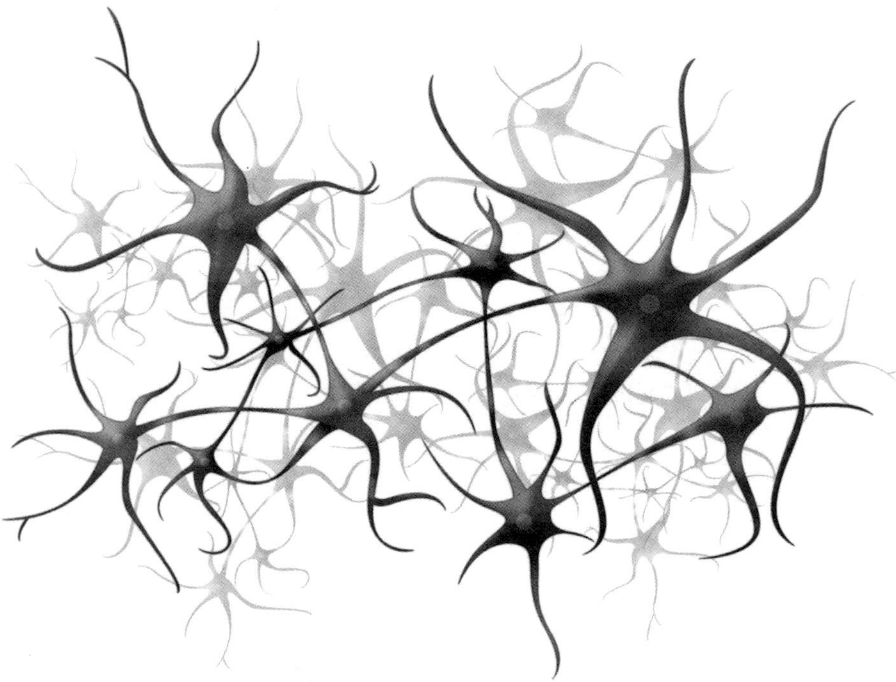

Se alguém perguntar "Quanto é seis vezes seis?", automaticamente você responde "Trinta e seis".

Mas o número **36** não está armazenado em lugar algum de seu cérebro. O que há é uma rede de neurônios que, ao ser estimulada pela pergunta, cria *on demand* o número **36**!

Aliás, você já deve ter notado que, ao serem perguntadas: "Quanto é seis vezes seis?", muitas pessoas não respondem diretamente, mas repetem o estímulo "Seis vezes seis... trinta e seis!".

Agora você já está começando a perceber no que consiste, lá dentro de seus miolos, o ato de "aprender".

Aprender é criar novos caminhos neurais!

Ensinar um computador é alterar o *software*; ensinar um cérebro é mudar o *hardware*!

Essa mudança tem duas características que devem estar sempre presentes em sua mente:

- a reconfiguração de redes neurais só acontece durante o sono!
- a quantidade de redes que se reconfiguram durante o sono é muito pequena!

Esses dois fatores são irrefutáveis e devem ser levados em conta em qualquer planejamento com vista a um crescimento intelectual. Se forem ignorados, levarão ao inevitável fracasso e ao desperdício de tempo e dinheiro.

A primeira característica nos leva a concluir que o processo de aprendizagem é circadiano[2], ou seja, ocorre em um arco temporal de 24 horas.

O ciclo de aprendizagem vai de sono a sono.

A coisa mais imbecil que alguém pode fazer, por exemplo, é passar uma noite em claro para se preparar para um exame no dia seguinte!

Essa estratégia pode até redundar em uma boa nota, mas as informações assim colocadas na mente não serão realmente aprendidas, levando a um quase imediato esquecimento.

No caso de um concurso, então, em que se exige um leque muito vasto de conhecimentos, esse artifício não funciona mesmo.

Aprender é aprender para sempre, e não apenas para o dia seguinte.

Lembre-se: quem tem sucesso em um concurso é quem aprende de verdade, não quem finge que aprendeu e esquece logo depois – como era, infelizmente, admitido na escola.

Se você encontrar alguém que passou brilhantemente em algum concurso há cerca de dez anos e, sem prévio aviso, submetê-lo a um exame com as mesmas exigências do de sua admissão, certamente ele vai obter um resultado muito semelhante.

---

2 Do latim "circa diem", ao redor de um dia.

Se passou brilhantemente é porque estudou de forma correta e, consequentemente, aprendeu PARA SEMPRE!

Nunca estude para passar num concurso (público ou vestibular). Estude para aprender para sempre.[3]

Passar no concurso vai ser um subproduto do processo. Talvez o mais gratificante, mas certamente não o mais importante.

A segunda característica não é uma boa notícia, mas se não for considerada levará a um gasto infrutífero de tempo e dinheiro.

O cérebro tem mecanismos de proteção contra a insanidade. A integridade de seu "eu" depende da estabilidade das redes neurais, de que suas alterações não afetem o todo.

Poucas redes neurais podem (e devem!) ser alteradas durante o sono.

O famoso personagem Rain Man, tão brilhantemente representado por Dustin Hoffman no filme homônimo, conseguiu memorizar o texto de alguns milhares de livros ao longo de sua vida. E fazia isso com uma rapidez espantosa e inexplicável. Até um médico descobrir algo surpreendente: ele lia a página da esquerda com o olho esquerdo ao mesmo tempo que lia a da direita com o olho direito.

E era um idiota completo!

Um cérebro normal e saudável não admite isso!

---

3 E aprender dessa forma é criar novas redes, e "novas redes" significam "mais inteligência"!

Toda vez que vejo pessoas gastando tempo e dinheiro com coisas do tipo "leitura dinâmica", "curso de memorização", "programação neurolinguística" e outras tentativas de obter atalhos intelectuais, lembro-me do Rain Man![4]

O caminho correto é administrar a reduzida capacidade diária que seu cérebro tem de transformar informação em conhecimento.

Já conversei com jovens que trabalharam como loucos durante dois anos e meio, fazendo horas extras (ou até trabalhando em dois empregos), economizando no lanche, na condução, guardando dinheiro.

Para que isso? Para poder pedir demissão ao cabo dessa verdadeira maratona de trabalho e poder ficar em casa seis meses estudando 14 horas por dia para passar em um concurso.

Resultado? Fracasso!

E era de se esperar. Esse jovem violentou seu cérebro.

Tentou se transformar em um Rain Man!

Se, ao longo desses três anos, ele tivesse trabalhado e vivido normalmente estudando apenas umas duas horas por dia, teria se preparado muito melhor!

Veja bem, estudar 14 horas por dia equivale a estudar 2.520 horas em um semestre. Estudar o mesmo tanto ao longo de três anos é estudar 2,3 horas por dia!

Por que, então, esse infeliz fez a besteira de concentrar tudo no último semestre?

Porque nas escolas que ele frequentou ninguém explicou o que é aprender para sempre.

---

4 Alguns desses cursos realmente funcionam quando ministrados por pessoas sérias. Então tome cuidado, pois há muita picaretagem por aí!

Alguns sistemas educacionais cometem a bobagem de estruturar o ensino médio em cinco semestres (dois anos e meio), reservando o sexto para fazer a chamada "revisão" para o vestibular.

O coitado que foi submetido a esse modelo é, provavelmente, o mesmo que fez a besteira que descrevi para passar em um concurso. Ele tentou acumular conhecimento o mais próximo possível da data da prova, na esperança de que o conteúdo do estudo estivesse mais "fresquinho".

E ele tampouco levou em conta que seu cérebro seria capaz de armazenar esse conteúdo PARA SEMPRE.

É claro, então, que o planejamento para um concurso sempre deve prever um médio ou um longo prazo.[5]

Quem pretende prestar um exame na OAB deve traçar um planejamento de cinco anos, ou seja, deve cursar os cinco anos de faculdade estudando para aprender, não para tirar nota.[6]

O aluno que passa cinco anos em uma faculdade de Direito e consegue o incrível feito de ser reprovado no exame da OAB é alguém que, com certeza, estudou da forma mais imbecil possível.

Note que não se trata de um imbecil: é alguém de bom nível mental que não entendeu a enorme vantagem de estudar pouco, mas todo dia.[7] Na realidade, ele foi induzido a estudar o mais em cima da hora possível para "não dar tempo de esquecer".

---

5 Se você, por exemplo, quiser se preparar para um concurso vestibular de bom nível, deve fazê-lo já no começo do ensino médio, estudando intensamente ao longo desses três anos.

6 Assim como alguém que cursa seis anos de Medicina, se estudar para aprender e não para a prova, não precisará passar a VERGONHA de ter de fazer cursinho para residência!

7 Verdadeiros imbecis são aqueles que, além de estudar de forma errada durante todo o curso, não se preocupam em alterar seu modo de estudar. Querem, pelo contrário, continuar sendo imbecis exigindo a extinção do exame da OAB!

Ouço a mãe dele gritando: "Filho, desliga esse *video game* e vai estudar: você tem prova amanhã!". Quando deveria ter dito: "Desliga isso aí e vá estudar: você teve aula hoje!".

A única maneira de se ficar mais inteligente e aprender para sempre é estudar pouco e todo dia.

– *Mas... agora que você me avisa?* – ouço alguns exclamarem.

Bem, antes tarde do que nunca. E não adianta correr para recuperar o tempo perdido: o cérebro humano é uma "máquina de pensar" maravilhosa, mas não faz milagres.

Quando vejo pobres coitados, no final do 3º ano do ensino médio, assistirem às aulas do colégio pela manhã e frequentar um cursinho à tarde, só consigo sentir muita pena.

– *Tá bom, já entendi! Mas, e agora, como faço?*

Ótimo, se você se convenceu, já é meio caminho andado; portanto, vamos lá.

1. Determine, com clareza, que tipo de concurso você pretende enfrentar. Planeje com, no mínimo, um ano de antecedência (é pouco, mas, com certo esforço, pode funcionar) e lembre-se: você não está se preparando para **esse concurso** em particular, está se preparando para enfrentar **esse tipo de concurso**. Mesmo que você não passe nesse em particular, o tempo que você gastou estudando não será perdido. Como você está estudando para aprender para sempre, boa parte do que já absorveu será aproveitada em futuras tentativas sem que haja necessidade de estudar de novo.

2. Colete a maior quantidade possível de informações sobre os concursos escolhidos (provas anteriores, livros indicados, apostilas, exames simulados etc.).
3. Organize sua vida de maneira a garantir duas ou três horas por dia para se preparar, e oito horas para dormir.
4. Entre no MST (**M**ovimento dos **S**em **T**ela!), ou seja, desligue TV, *video game*, celular, computador etc. Celular e internet só em caso de necessidade extrema.
5. Torne a leitura uma de suas mais importantes formas de lazer.
6. Separe papel, lápis, canetas, cartuchos para impressora e prepare-se para escrever e imprimir muito!
7. Siga, rigorosamente, os horários que você estabeleceu. Não precisa ser a mesma rotina todos os dias, mas é importante que haja uma grade horária, no máximo, semanal. Inclua sábados e domingos no seu horário (desde que não haja impedimentos de ordem religiosa).
8. Leia, com muita atenção, o restante deste livro.
9. Não deixe de fazer "ginástica mental".

O truque não é estudar para passar, mas estudar para aprender. Estudar para aprender significa estudar POUCO, mas todo dia!

COMO ESTUDAR

The only thing that interferes with my learning is my education.[1]

Albert Einstein (1879-1955)

Como já vimos, para obter um rendimento otimizado na transformação de "informação" (na memória provisória) em "conhecimento" (na memória permanente), é indispensável ter um ritmo adequado de estudo.

Para isso, a sequência de operações mentais às quais o cérebro deve ser submetido consta de três etapas: obter informação, estudar para aprender e dormir para fixar.

1. Obter informação

Se estiver assistindo a aulas em algum cursinho preparatório é fundamental que, durante essa fase, você tenha uma atitude ativa, escrevendo as palavras-chave do que está sendo passado.

Cursos bem estruturados levam isso em conta e fornecem as famosas "apostilas-caderno"[2], cheias de espaços em branco que permitem otimizar a assimilação da informação.

---

1 A única coisa que interfere com minha aprendizagem é minha escolaridade.

2 Ferramenta que eu inventei em 1971, inspirado pelas apostilas do professor Carlos Marmo, de Desenho.

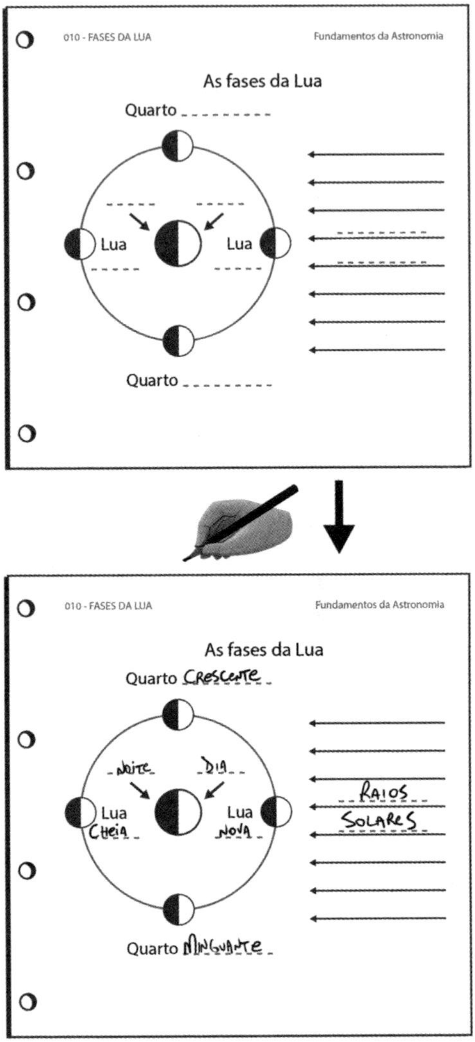

Existem alguns cursos nos quais a matéria, além de ser exposta em lousas e/ou por meio de projetores, é ditada para que o aluno vá montando seu próprio material de consulta.

– *Ditada?* – você pode perguntar. – *Isso é coisa do passado! O que é isso? A escola da tia Maricota?*

Pois é, meu caro, a "escola da tia Maricota" funciona! É claro que ditar a aula inteira é um pouco de exagero, mas é infinitamente melhor do que ter alunos em situação absolutamente passiva, assistindo a um professor do tipo (infelizmente cada vez mais frequente) "leitor de *PowerPoint*[3]"!

O segredo é escrever de próprio punho os pontos importantes da matéria que queremos assimilar.

Mas... cuidado! Existem alguns cursos "chiquitosos" que obrigam o aluno a usar *tablet* na aula. Isso é uma imbecilidade asinina!

3 Ou pior, fazendo anotações em um tablet!

Lembre-se: para assimilação é indispensável **escrever, não digitar.**

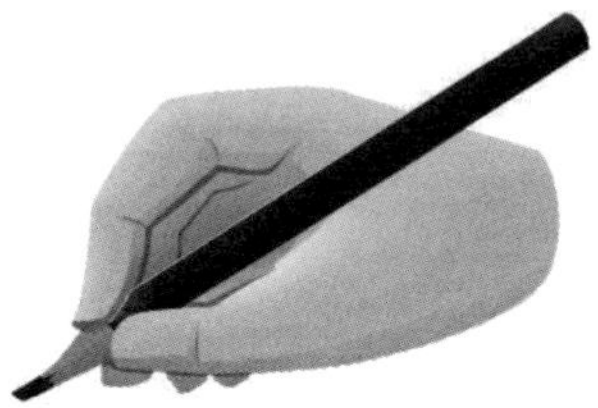

– *Mas* – ouço você perguntar –, *e se eu não estiver frequentando um curso nem estiver assistindo a aulas?*

Melhor ainda! Se você aprender a ser autodidata vai perceber que, às vezes, aula é perda de tempo!

Delimite o assunto que deseja estudar e junte o material necessário (livros, apostilas etc.). Se a fonte de informação estiver na internet, não tente ler na tela! Sempre imprima e leia em papel!

Como já vimos, há sérias razões neurológicas para essa opção. Além disso, ao imprimir você tem a possibilidade de fazer as importantíssimas anotações marginais. Escrevendo!

Algumas pessoas não vivem sem a maldita canetinha marca-texto amarela. Fosforescente!

Lembre-se, fazer riscos coloridos não refresca nada. Mas, se você tiver síndrome de abstinência ao eliminar a maldita canetinha, pode continuar usando. Eu deixo, mas há uma condição: tudo o que você sublinhar terá que ser escrito na margem.

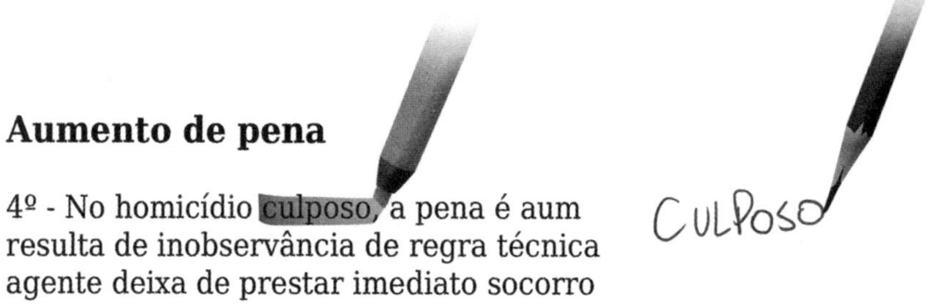

Com isso você será mais parcimonioso em seu furor marca-texto e, principalmente, estará escrevendo, que é o que realmente interessa.

Juntou o material para o estudo de hoje?

Ótimo, vamos agora à etapa 2.

Nessa primeira fase você, se muito, apenas entendeu o assunto. Agora vamos à fase "estudar" para "aprender".

– *Mas como?* – ouço você reclamar – *até agora o que eu fiz não foi estudar?*

Claro que não! Essa confusão entre **entender** e **aprender** é justamente a principal causa da ineficiência do nosso sistema escolar que acabou induzindo sua própria ineficiência nos estudos.

2. Estudar para aprender

Essa é a parte mais importante do processo, e a mais fácil de ser implementada.

Por experiência pessoal e pelo relato de inúmeras pessoas que tiveram sucesso na tarefa de aprender, posso afirmar que a melhor estratégia é preparar cola!

É óbvio que, nesse momento, você está olhando horrorizado para esta página, principalmente se for um leitor de meus livros anteriores, em que deixo bem claro que abomino o ato de colar![4] Afinal, um povo que considera "normal" colar não tem o direito de se indignar perante a corrupção!

Releia, por favor, o que escrevi: "preparar cola", não "colar"!

Quando, recém-chegado da Itália como um imigrante de apenas 12 anos, comecei a frequentar a escola no Brasil, me defrontei com uma grande dificuldade inicial: o novo idioma.

Cheguei a uma fase em que já entendia quase tudo o que me era dito em português, mas ainda tropeçava muito no idioma na hora de falar.

Um belo dia, entrando na sala de aula, vi meus colegas folheando livros e cadernos freneticamente.

"*Puxa, os nativos estão irrequietos hoje!*", pensei com meus botões. "*Deixa ver o que está acontecendo*".

Aproximei-me e percebi que todos estavam escrevendo com uma letra muito miúda em pequenos pedaços de papel.

"*Deve ser algum estranho ritual religioso*", pensei, "*acho que estão fazendo pedidos para colocar embaixo da imagem de algum santinho*".

Curioso, virei para um de meus novos amigos e perguntei, apontando para o papelucho:

– *Senti, ma cos'é questa roba*? (Escute, mas o que é isso?).

– *Cola!* – Respondeu meu amigo, olhando-me espantado por não ter percebido o óbvio.

– *E cos'é "cola"*? – insisti.

---

4 Eu sempre digo: não deixe uma criança colar. Do contrário, quando crescer, tem boas chances de virar aquele tipo de político que tão bem conhecemos!

– *É pra gente consultar durante a prova* – explicou pacientemente o pequeno transgressor.

Espantado, exclamei em "portuliano":

– *E il professore deixa?*

– *Claro que não!* – retrucou meu amigo, de olhos arregalados.

Foi aí que me dei conta, pela primeira vez na vida, de que havia pessoas que iam à escola para tirar nota e não para aprender!

Por outro lado, na ansiedade de me integrar na comunidade, de ser aceito como um amigo com os mesmo hábitos e costumes... resolvi preparar minha cola!

Para a prova do dia seguinte, criei uma cola "sanfona" a quatro cores! Na primeira página tinha até índice!

Coloquei no bolsinho da camisa e lá fui eu fazer a tal prova.

Surpresa!

Não precisei "puxar" o *corpus delicti*!

Estava tudo em minha cabeça: o trabalho que eu tive para preparar a cola, no dia anterior, fez com que eu aprendesse seu conteúdo.

A partir desse dia, eu chegava em casa após as aulas da manhã, almoçava, dava uma cochilada de 15 minutos e preparava as "colas" das aulas às quais eu havia assistido.

Uma vez prontas, eram engavetadas e jamais foram utilizadas de verdade. Quando muito, os papéis eram alvo de uma rápida consulta antes da prova, mais para tranquilizar alguma insegurança do que para refrescar a memória.

Esse é o truque!

Um truque que descobri por acaso, na adolescência, e que me foi de grande valia ao longo da vida. Um truque que permitiu que eu me tornasse um **excelente estudante** apesar de ter sido um **aluno medíocre** durante a fase escolar.

No fundo o que eu fazia era estudar pouco, mas todo dia. Além disso, ao preparar a "cola" estava escrevendo e desenhando, ou seja, estudando da forma adequada!

Afinal, uma das frases mais úteis e mais verdadeiras que colecionei ao longo de minha extensa carreira de professor foi: a melhor maneira de aprender um assunto é ensiná-lo.

E quando você prepara uma pseudocola, está ensinando a si mesmo.

3. Dormir para fixar

Como já vimos, aprender é fruto de uma postura ATIVA, enquanto assistir às aulas reflete um comportamento PASSIVO.

Está mais do que provado que as redes neurais em nosso cérebro só são estimuladas a efetuar uma reconfiguração durante o sono se receberem estímulos ATIVOS durante a vigília.

Assistir às aulas sobre determinada matéria leva ao entendimento do assunto (se a aula for bem dada), mas raramente a uma verdadeira aprendizagem.

Na medida em que o tema é trabalhado de forma ativa após a aula – resolvendo exercícios, escrevendo resumos (com caneta, não digitando), elaborando esquemas, desenhando gráficos etc. –, o cérebro é preparado para reconfigurar as redes neurais durante a noite de sono que virá a seguir, garantindo que aquele conteúdo seja fixado de forma permanente.

Caso esteja frequentando um curso preparatório no qual os autores do material possuam sólidos conhecimentos de neuroaprendizagem, você sempre receberá uma tarefa pós-aula bem dosada e sabiamente dirigida para produzir (durante o sono posterior, insisto) a fixação adequada.

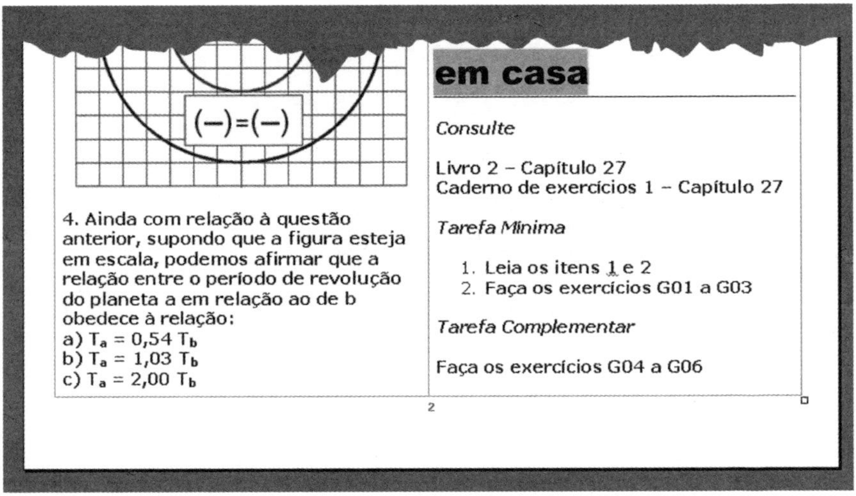
(–)=(–)

4. Ainda com relação à questão anterior, supondo que a figura esteja em escala, podemos afirmar que a relação entre o período de revolução do planeta a em relação ao de b obedece à relação:
a) $T_a = 0{,}54\ T_b$
b) $T_a = 1{,}03\ T_b$
c) $T_a = 2{,}00\ T_b$

em casa

Consulte

Livro 2 – Capítulo 27
Caderno de exercícios 1 – Capítulo 27

Tarefa Mínima

1. Leia os itens 1 e 2
2. Faça os exercícios G01 a G03

Tarefa Complementar

Faça os exercícios G04 a G06

2

Aliás, a palavra "apostila" vem do latim medieval *post illa*, ou seja, "depois dela". No caso, "depois da aula".

Infelizmente, porém, muitos cursos são geridos de forma amadorística por pessoas que ignoram por completo as indispensáveis sutilezas da neuroaprendizagem, e se limitam a reproduzir nas apostilas exercícios tirados sem critério de concursos anteriores, fazendo os alunos perderem um tempo precioso.

Pior ainda são os cursos marqueteiros que, ao perceberem o equívoco do aluno (que acha que se assistir à aula ele aprende), entopem o pobre coitado de aulas em período integral, só para deixar o "cliente satisfeito". O resultado costuma ser catastrófico, pois, na verdade, estão roubando preciosas horas de estudo do candidato. Esse golpe sujo ainda tem a vantagem de isentar o estelionatário educacional de qualquer responsabilidade: "Se você não passou, a culpa é sua; nós fizemos o máximo! Veja quantas aulas foram oferecidas! Se ainda assim você não aprendeu, nós não temos culpa!".

Como contornar esse problema? Simples!

- **Deixe de ser estudante e se torne professor.**
- **Deixe de ser leitor e se torne autor.**
- **Pare de aprender e comece a ensinar.**

Traduzindo: crie suas próprias apostilas, suas pseudocolas!

Agora, cuidado: a aprendizagem vai acontecer ao se elaborar a apostila, não ao usá-la em um eventual estudo posterior.

Lembre-se do velho ditado chinês:

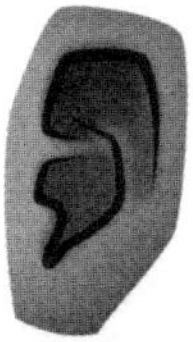

Se ouço... esqueço!

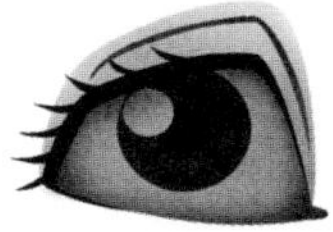

Se vejo... entendo!

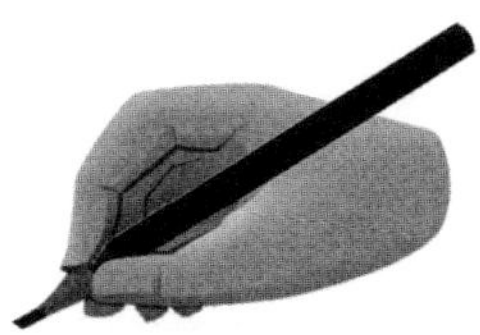

Se faço... APRENDO!

Em seus excelentes livros, o professor **Waldir Santos** mostra que, quanto mais concursos você prestar, mais chances você terá de passar no próximo.

Há vários fatores que determinam essa verdade, mas um deles raramente é percebido: enquanto o candidato está **sozinho**, tentando resolver as questões da prova... **ele está estudando**!

E, na maioria dos casos, talvez seja esse o único momento em que está estudando de verdade!

ENTENDER e APRENDER não são sinônimos, são fases distintas no processo de fixação do conhecimento. APRENDER exige atitude ativa, estudo solitário!

UM EXEMPLO DE PSEUDOCOLA

Les exemples ne montrent pas seulement comment il faut faire, mais aussi impriment affection de le vouloir faire.[1]

Jacques Amyot (1513-1593)

Vejamos, a título de exemplo, um tópico a ser estudado. Trata-se de uma passagem do Código Penal Brasileiro. Leia o texto e faça de conta que você vai preparar uma cola para memorizá-lo.

Homicídio simples

Art. 121. Matar alguém:

Pena - reclusão, de seis a vinte anos.

Caso de diminuição de pena

§ 1° Se o agente comete o crime impelido por motivo de relevante valor social ou moral, ou sob o domínio de violenta emoção, logo em seguida a injusta provocação da vítima, ou juiz pode reduzir a pena de um sexto a um terço.

Homicídio qualificado

§ 2° Se o homicídio é cometido:

I - mediante paga ou promessa de recompensa, ou por outro motivo torpe;

II - por motivo fútil;

III - com emprego de veneno, fogo, explosivo, asfixia,

1 Os exemplos não só mostram como devemos fazer, mas também nos motivam a querer fazer.

tortura ou outro meio insidioso ou cruel, ou de que possa resultar perigo comum;

IV - à traição, de emboscada, ou mediante dissimulação ou outro recurso que dificulte ou torne impossível a defesa do ofendido;

V - para assegurar a execução, a ocultação, a impunidade ou vantagem de outro crime.

Pena - reclusão, de doze a trinta anos.

Fonte: http://www.planalto.gov.br/ccivil_03/decreto-lei/del2848.htm

Agora que você leu esse trecho do artigo 121, vamos começar a criar a pseudocola. Note que, para gravar algo de forma permanente, é mais importante uma imagem do que as próprias palavras.

Como se trata de uma cola que você jamais usará em uma prova de verdade, não há necessidade de "miniaturizar" as páginas que serão criadas.

Homicídio simples

Art. 121. Matar alguém:

Pena - reclusão, de seis a vinte anos.

Caso de diminuição de pena

§ 1º Se o agente comete o crime impelido por motivo de relevante valor social ou moral, ou sob o domínio de violenta emoção, logo em seguida a injusta provocação da vítima, ou juiz pode reduzir a pena de um sexto a um terço.

Vamos, então, tentar montar uma figura que contenha todas as informações desse primeiro trecho que selecionamos. A seguir, vou explicar por que me ocorreu criar esse desenho.

121
Homicídios simples
§ 1º

Explicando...

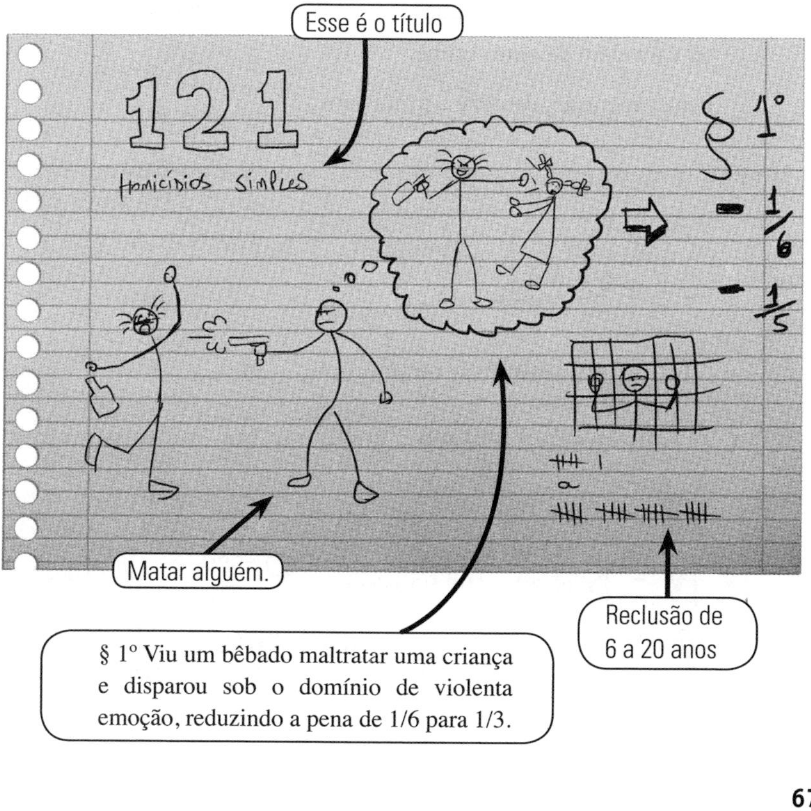

Esse é o título
121
Homicídios simples
§ 1º
Matar alguém.
§ 1º Viu um bêbado maltratar uma criança e disparou sob o domínio de violenta emoção, reduzindo a pena de 1/6 para 1/3.
Reclusão de 6 a 20 anos

E agora, passemos para o segundo parágrafo:

Homicídio qualificado

§ 2° Se o homicídio é cometido:

I - mediante paga ou promessa de recompensa, ou por outro motivo torpe;

II - por motivo fútil;

III - com emprego de veneno, fogo, explosivo, asfixia, tortura ou outro meio insidioso ou cruel, ou de que possa resultar perigo comum;

IV - à traição, de emboscada, ou mediante dissimulação ou outro recurso que dificulte ou torne impossível a defesa do ofendido;

V - para assegurar a execução, a ocultação, a impunidade ou vantagem de outro crime.

Pena - reclusão, de doze a trinta anos.

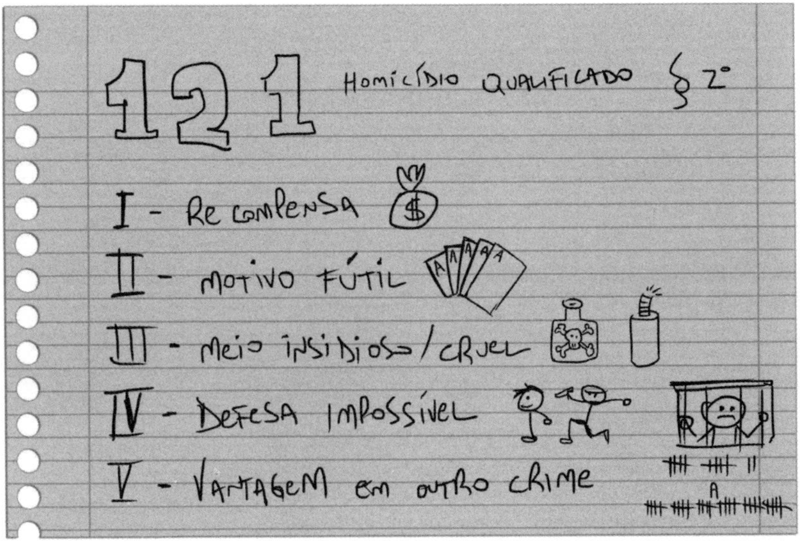

Eu sei que nesse momento tem muito bacharel em Direito exclamando:

– *Puxa, você não poderia editar um código penal em quadrinhos para facilitar a vida da gente na hora do exame da OAB?*

Meu caro, é justamente por isso que você não consegue passar no exame: você foi tão deformado intelectualmente por um sistema escolar imbecil que acha que os outros podem fazer por você algo que **só você** tem condições de fazer.

Se está com sede, não adianta pedir a alguém que beba água por você!

O trabalho que eu tive para tentar imaginar as ideias a resumir, para pensar que desenho colocar em cada caso, fez com que EU gravasse os conceitos a serem fixados para um eventual exame posterior.

Cada pessoa faria o que eu fiz de forma diferente: é um trabalho exclusivamente individual.

Por exemplo, tenho certeza de que muitos leitores ficaram perplexos com o desenho do parágrafo 2º:

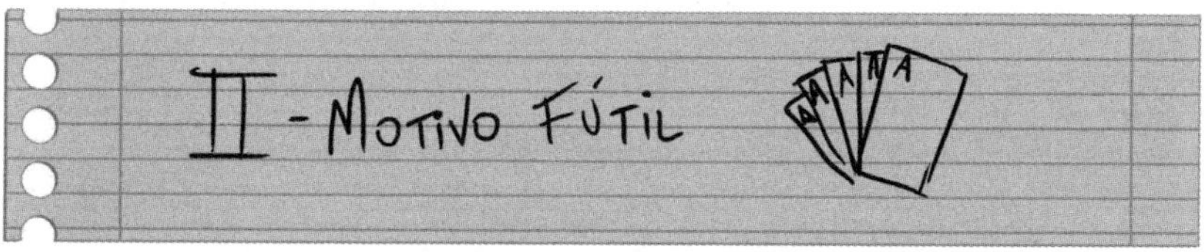

Ora, qualquer jogador de pôquer sabe que ter cinco ases na mão é, com certeza, trapaça no jogo. E matar alguém por estar trapaceando é, sem dúvida, um motivo fútil.

– *Jamais teria imaginado isso!* – ouço você exclamar.

É claro que não: o desenho foi feito para MEU uso e não para o seu. Quer uma pseudocola que você entenda? PREPARE A SUA e não fique esperando que alguém a faça por você![2]

Infelizmente, o mundo está cheio de picaretas que conseguem convencer os outros a fazer cursos milagrosos que aprovam sem exigir esforço algum: basta se matricular (e pagar a mensalidade).

Certa vez, tive um colega de curso pré-vestibular que dava aula de Geografia e se gabava dizendo: "*Minhas aulas são tão boas, tão eficientes, que os alunos aprendem tudo durante a aula e não precisam estudar depois*".

Em resumo, um tremendo picareta. Lembro-me de que o questionei e disse:

– *Como você fala absurdos e, apesar disso, consegue convencer a plateia de que não são absurdos, vou me permitir um conselho: abandone o magistério e dedique-se à política.*

Não é que ele seguiu meu conselho e se tornou um deputado votadíssimo?[3]

Vou insistir: ninguém pode fazer por você aquilo que só você pode fazer por si mesmo.

As referências são suas e de mais ninguém.

Há alguns anos, uma amiga que tomava conta de minha casa enquanto eu estava viajando me telefonou:

---

2 Um aluno me relatou que, seguindo meus conselhos, preparava pseudocolas como técnica de estudo. Não é que um colega pediu para xerocá-las para usar na prova? Provavelmente, trata-se de um daqueles que, depois de obter um diploma de bacharel em Ciências Jurídicas, fazem campanha para eliminação do exame da OAB!

3 O que confirma meu diagnóstico inicial: um tremendo picareta!

– Estou usando sua internet e tem o site X que preciso acessar, mas preciso da senha. Você se lembra dela?

– Não – respondi – *Faz tempo que não o acesso. Não tem algum link direcionando para uma dica que permita lembrar?*

– Tem sim, já tinha olhado. A dica é "ácido oleico".

– Ah, bom! – respondi. – *Agora me lembro: a senha é 282.*

– Isso mesmo! Entrei. Obrigada.

Algum tempo depois, ela me ligou:

– Obrigada, consegui as informações de que precisava. Mas, por favor, me tira uma dúvida: por que "ácido oleico" leva à senha 282?

– É que 282 é justamente o peso molecular do ácido oleico. – respondi.

Já com um ligeiro tom de irritação na voz, ela me questionou:

– Em nome de Deus! Quem é que sabe uma coisa dessas?

– EU! – respondi.

Ora! A senha é minha, e, quanto menos pessoas souberem de uma referência que é só e exclusivamente minha, melhor!

Outra dica muito importante: ao tentar se lembrar de algo utilizando imagens, você está "acendendo" uma quantidade muito grande de redes neurais em seu cérebro.[4] Se a imagem tiver algo de surrealista ou muito idiota, melhor ainda. A sensação da piada ajuda a lembrar ainda mais.

Vou mencionar um dos inúmeros casos que me acontecem todo dia: estava eu no autoelétrico porque a luz de ré de minha picape não estava mais acendendo. O Sabiá (esse é o apelido do

---

4 Apêndice 1.

mecânico, obviamente inesquecível) disse que eu teria de comprar um interruptor novo, mas me alertou:

– *Cuidado, existem dois modelos muito parecidos. O que funciona, no seu caso, é o de código* **4489**. *Quer que eu anote?*

– *Não precisa, obrigado. Já decorei* – respondi.

– *Como?* – perguntou ele curioso.

– *Simples, imaginei uma carabina Winchester embaixo de uma biruta murcha.*

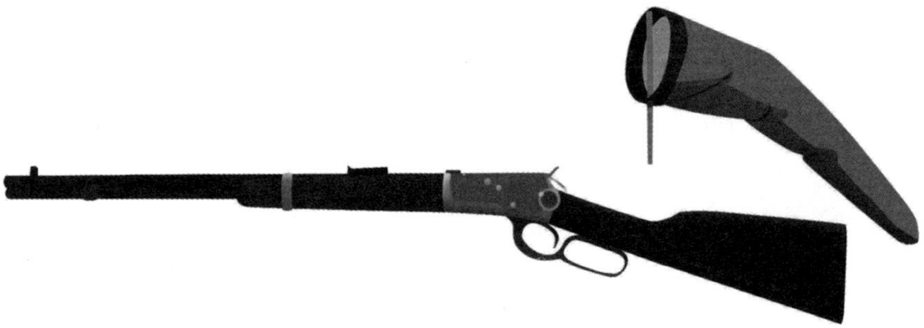

– *A explicação é simples* – continuei. – *O calibre da Winchester é 44, e, se a biruta está murcha, quase não venta. E quase "naoventa" é 89! Moral da história, o código é* **4489**!

– *Meu Deus, mas isso é muito idiota!*

Ótimo: quanto mais idiota, mais seu cérebro lembra![5]

Agora, de uma coisa você pode ter certeza: se daqui a alguns anos alguém me perguntar detalhes sobre homicídio simples

---

5 E o pior de tudo... daqui a alguns anos você ainda vai se lembrar do código do interruptor da luz de ré da minha picape!

e homicídio qualificado, depois do trabalho que tive para gerar as duas pseudocolas, vou responder com toda segurança. Talvez só vá titubear sobre o item V, já que, por preguiça, não me dei ao trabalho de imaginar um desenho.

Quando quiser aprender (para sempre!), desenhe e escreva o que for importante. Para descobrir o que é importante, faça de conta de que está preparando uma cola!

O RITMO DE ESTUDO

Aprender é como remar contra a correnteza. Se você não avançar... estará recuando!

Provérbio Chinês

Se você entender como funciona seu cérebro nas várias fases da aprendizagem, nunca mais vai estudar de forma errada.

Em primeiro lugar, o que acontece quando recebemos uma informação?

Ela só será entendida se conseguirmos perceber em que lugar ela se encaixa no conjunto de conhecimentos já adquiridos anteriormente. É como se aquela informação que você precisa incorporar fosse a peça de um quebra-cabeça.

Se os conhecimentos anteriores não estiverem presentes em seu cérebro, o entendimento será impossível e, consequentemente, não haverá aprendizagem permanente. Uma peça isolada não significa coisa alguma. Se o quebra-cabeça estiver no começo (assunto novo), a dificuldade pode parecer insuperável.

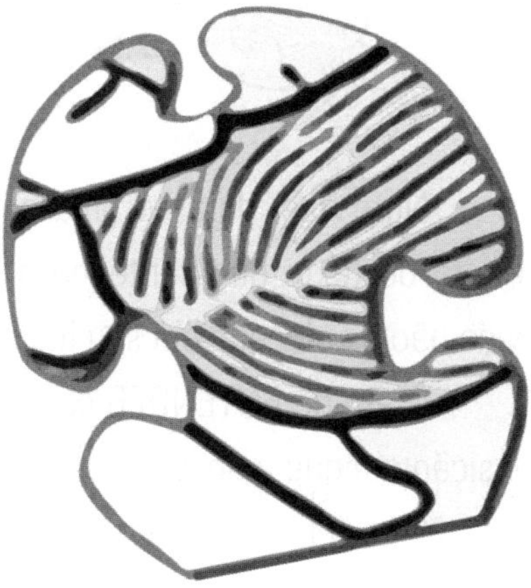

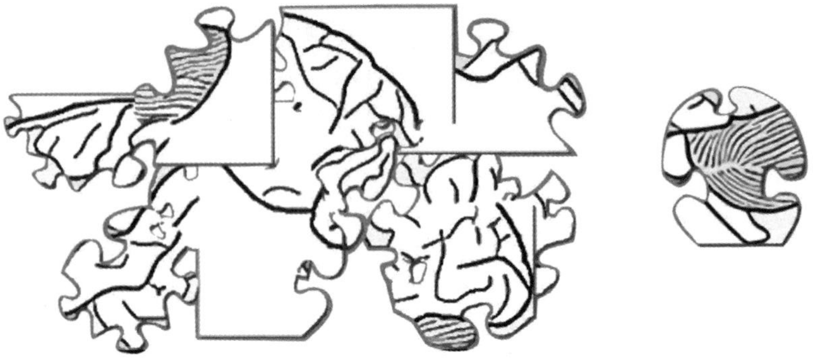

Não desanime.

Como o correr do tempo, as peças irão se encaixando e vai ficar cada vez mais claro o lugar em que aquele pedaço deverá ser colocado.

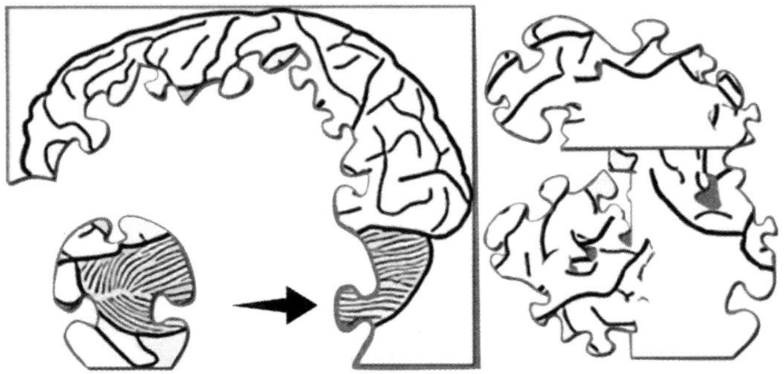

Note que, durante uma aula (presencial ou virtual) ou na leitura do texto que contenha a informação[1] a ser aprendida, a peça não é colocada em seu lugar.

O ato de ENTENDER corresponde apenas a IDENTIFICAR a posição em que a nova peça se encaixa em relação às outras que já estão bem fixas em sua cabeça.

1 Repare que a simples leitura de um texto, sem que você esteja escrevendo naquele momento, equivale a uma aula assistida passivamente.

Você tem um repertório de redes neurais já estruturadas para reter **para sempre** a parte do quebra-cabeça que já está montada.

Essas redes são estimuladas ao se tomar consciência de que uma peça deverá ser acrescentada, implicando uma mudança na organização dos neurônios da rede.

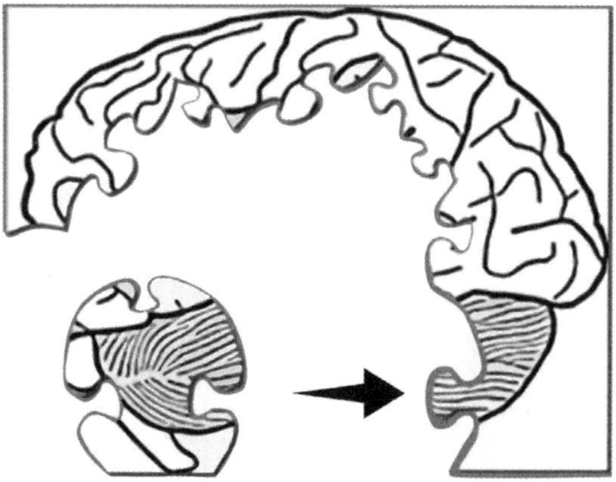

A verdadeira função dessa etapa é estimular, nas redes neurais já estruturadas, a necessidade de mudança, indicando em que pontos deverá ser efetuada.

Agora vem a segunda etapa: deixar de ser aluno e virar estudante.

No estudo solitário, você estará trabalhando as redes neurais que estavam anteriormente consolidadas, aproximando a peça nova cada vez mais da posição que ela deverá ocupar. Isso é feito ESCREVENDO e DESENHANDO. Nada de digitar e/ou sublinhar.

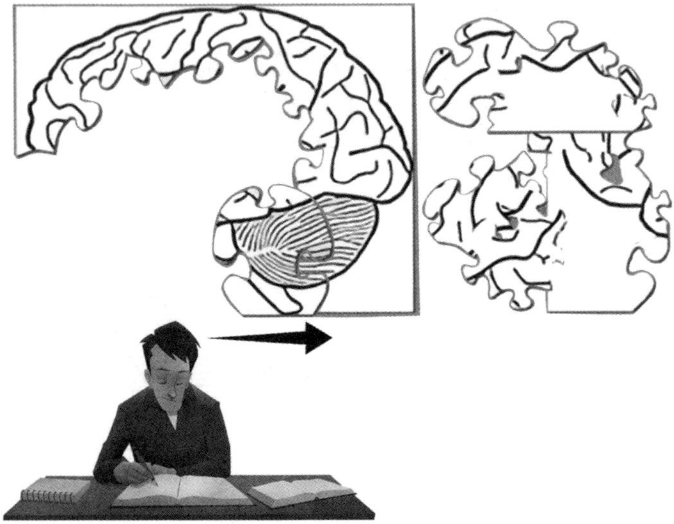

Vários neurônios das redes preexistentes começam a criar novas ramificações (dendritos), na expectativa de reconfigurá-las.

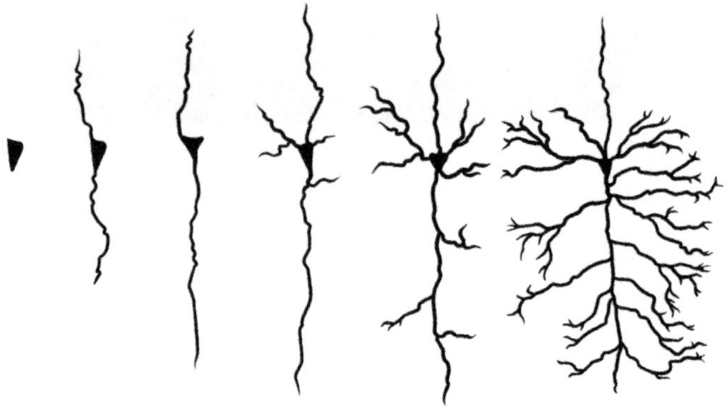

Acontece que a enzima que estimula a formação dessas novas ramificações acaba se esgotando após uns 40 minutos, e só se refaz se o cérebro descansar cerca de 10 minutos.

Isso determina o ritmo correto de estudo: estudar intensamente durante uns 30 minutos (escrevendo e desenhando, insisto, produzindo material) e descansar o cérebro por 10 minutos. Por exemplo, se você está se organizando para estudar durante duas horas, estude, em vez disso, quatro meias horas, sempre intercalando dez minutos de descanso.

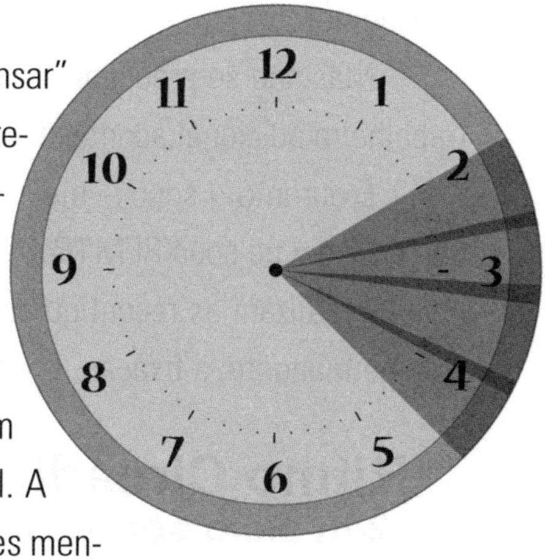

E quando eu digo "descansar" significa não envolver aquela região do cérebro em nenhuma atividade alternativa.

Faça alongamentos, exercícios de respiração, vá tomar água, em suma, distraia-se com alguma atividade não intelectual. A seguir, pode retomar as atividades mentais. Ao finalizar o estudo, você terá a peça praticamente no lugar.

Mas cuidado!

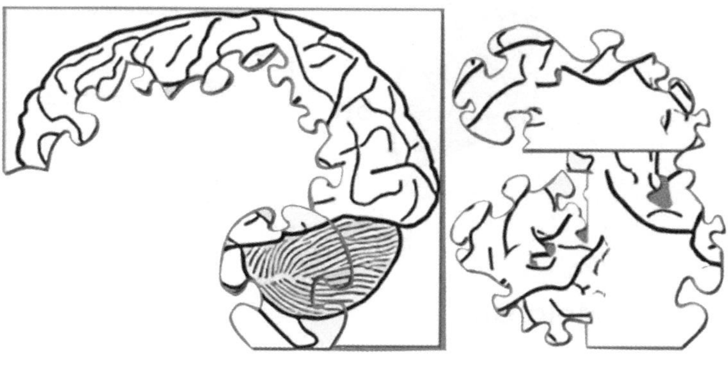

Ela estará no lugar, mas não estará colada! A colagem definitiva só vai ocorrer quando a rede neural preexistente se conectar aos neurônios que criaram novas ramificações. E não só isso: as conexões (sinapses) entre os novos dendritos e os neurônios originais precisam ser treinadas.

– *Quando?* – você pergunta, preocupado com mais tarefas a serem executadas.

Calma! A próxima tarefa não requer esforço (pelo menos consciente).

Mas não se preocupe: o cérebro sozinho cuida disso. Toda trabalheira adicional acontece durante o sono.

É durante o sono – mais precisamente durante os sonhos que ocorrem no sono REM (*Rapid Eye Movement*) – que as redes neurais realizam as reconfigurações, daí resultando a aprendizagem permanente, a fixação.

Ritmo Circadiano
24h ciclo sono/sonho

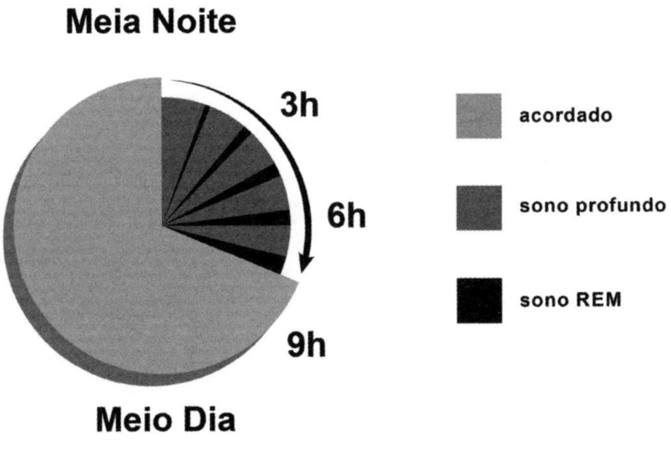

É como se o cérebro passasse cola entre a nova peça e as anteriores.

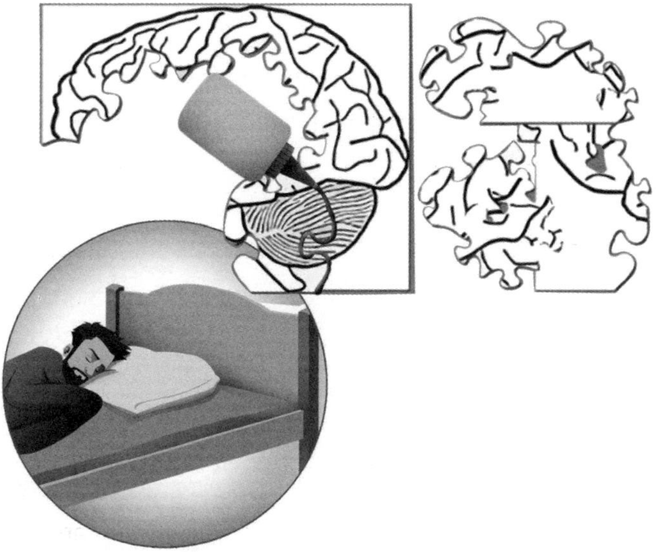

À noite você não dorme para descansar, você dorme para SONHAR. E é durante os sonhos REM que você "resseta" o cérebro e "salva" o que ESTUDOU durante o dia.

Nos dias seguintes, mais peças deverão sofrer o mesmo processo, que sempre passa pelas três etapas já mencionadas:

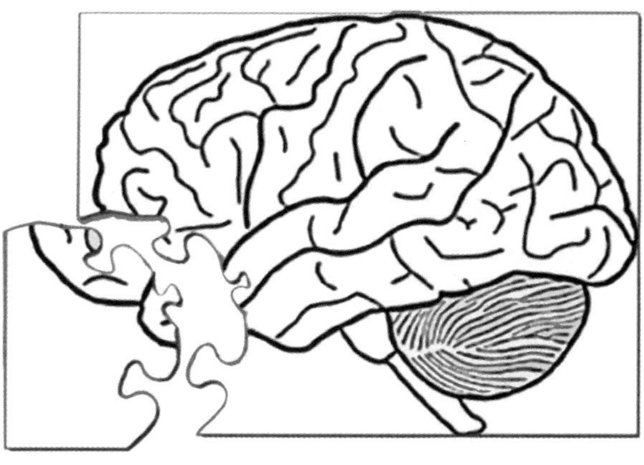

- obtenção da informação (onde ela se encaixa?);
- estudo solitário para levar a nova peça até seu lugar (30 minutos x 10 minutos);
- uma boa noite de sono (8 horas) para fixar a nova peça, transformando aquela informação em conhecimento.

É indispensável, portanto, seguir essas três etapas DIARIAMENTE.[2]

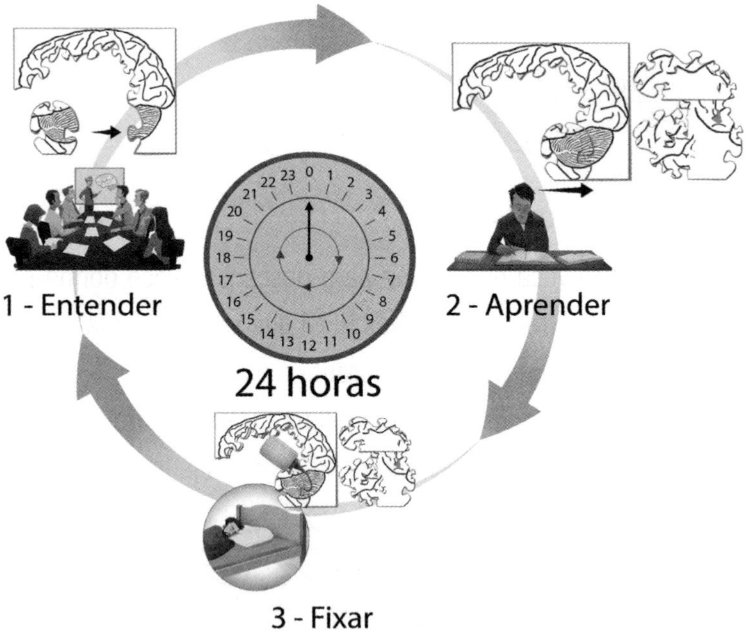

Todo o ciclo deve ser completado em 24 horas[3] sem que a ordem seja alterada.

---

2 Se você quiser mais detalhes sobre como as redes neurais são reconfiguradas e como se dá o treinamento de sinapses, aconselho a leitura do volume 3 desta coleção, *Ensinando inteligência.*

3 Circadiano, lembra?

Por exemplo, alguém assiste às aulas em um curso preparatório no período noturno. Vai para casa e dorme. Na manhã seguinte, estuda o assunto da noite anterior. Resultado: acaba de jogar tempo e dinheiro no lixo.

Outro exemplo: alguém que trabalha, assiste às aulas todas as noites e deixa para estudar no fim de semana. Também não está se preparando corretamente.

Sinto muito, não há alternativas: ou você estuda de forma compatível com o funcionamento de seu cérebro ou nem adianta estudar.

Se você não seguir RIGOROSAMENTE esse ritmo, jamais completará seu quebra-cabeça!

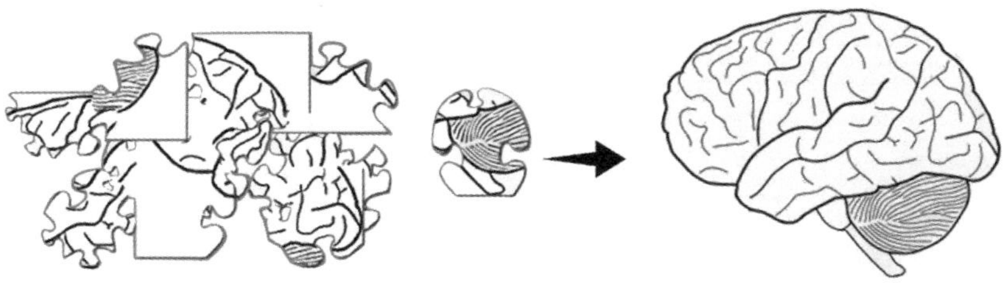

Aprendizagem verdadeira obedece ao ritmo circadiano (24 horas). O processo vai de sono a sono.
No processo de aprendizagem, não dá para deixar para amanhã!

DRIBLANDO O ESQUECIMENTO

I've a grand memory for forgetting! [1]

Robert Louis Stevenson (1850-1894)

Quando comecei a lecionar no que era o mais eficiente curso pré-vestibular do Brasil, defrontei-me com um lema que explicava o porquê dessa eficiência:

AULA DADA... AULA ESTUDADA!

Muitos anos depois, após mergulhar no maravilhoso mundo das neurociências, resolvi dar minha contribuição acrescentando uma palavra que resume a característica circadiana (24 horas) do processo de aprendizagem:

AULA DADA, AULA ESTUDADA... HOJE!

Com isso, atinge-se a fixação do que foi visto naquele dia.

O problema, porém, é: Essa fixação é permanente?

Vou levar o que fixei hoje até o fim da vida (ou pelo menos até o próximo concurso)?

Infelizmente não, se não tomarmos certo cuidado.

Para entender que fenômeno ocorre e como contorná-lo, vamos lembrar o que acontece durante o estudo solitário: novos caminhos neurais são preparados (crescimento dos dendritos) para que, durante o sono REM, novas redes neurais sejam configuradas, gerando mais conhecimento.

1 Eu tenho uma grande memória para o esquecimento!

Se esse conhecimento, porém, mesmo que intensamente trabalhado durante o estudo ativo no dia de sua absorção, não for mais utilizado por certo tempo... corre-se o risco de que uma nova informação, ao verificar aquelas redes inativas, resolva tomá-lo para si!

Neurologicamente, a explicação é simples: se uma rede neural nova tenta se formar durante o sono REM e percebe na vizinhança outra rede inativa há certo tempo, tende a canibalizá-la[2]!

Esse é, por exemplo, o motivo pelo qual filhos de imigrantes aprendem facilmente o novo idioma, mas às custas do esquecimento do original.

No final do século 19, o filósofo **Hermann Ebbinghaus** (1850-1909) estudou o fenômeno do esquecimento levantando curvas do decréscimo da porcentagem de retenção de informações.

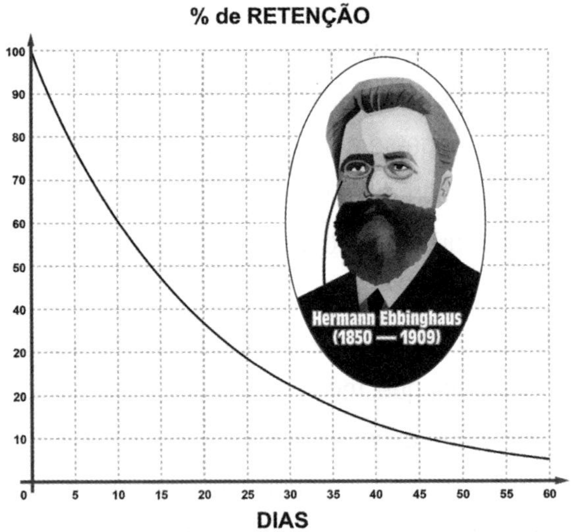

2 O verbo "canibalizar" (canibal = que come outro da mesma espécie) é muito usado em manutenção de equipamentos. Se, por exemplo, há dois computadores iguais que não funcionam por avaria de peças diferentes, pode-se retirar uma peça boa de um deles para substituir a quebrada do outro. Apenas um equipamento vai funcionar. O outro foi "canibalizado".

Obviamente, os valores plotados nesse exemplo são arbitrários e os escolhemos apenas para entender melhor o que ocorre. Nesse gráfico, na manhã imediatamente seguinte ao ciclo descrito (dia 0), a retenção é de 100%.

Dez dias depois, porém, apenas 60% dos dados ainda estariam retidos; e, depois de dois meses, míseros 5% ainda seriam recuperáveis. É claro que esse é um exemplo exagerado, mas há casos em que coisas assim acontecem.

A estratégia para evitar essa catástrofe é não deixar que as redes neurais sejam canibalizadas pelos assuntos a serem estudados depois.

Se depois de dois ou três dias (na semana seguinte, por exemplo) for feita uma boa revisão do assunto, podemos voltar aos 90% ou 100%.

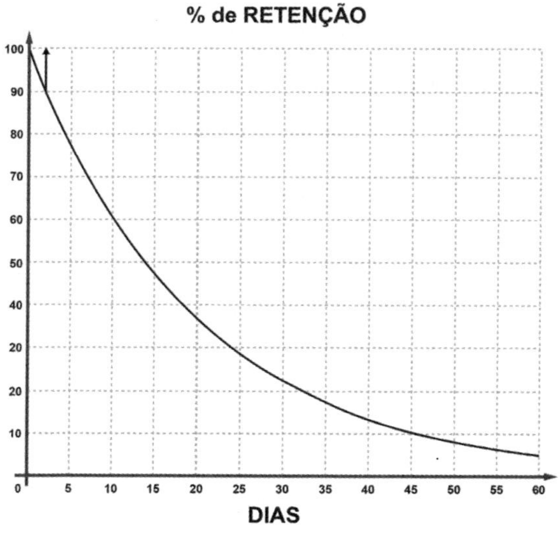

Mas... a vida continua. Outros assuntos são estudados e a retenção voltará a diminuir.

% de RETENÇÃO

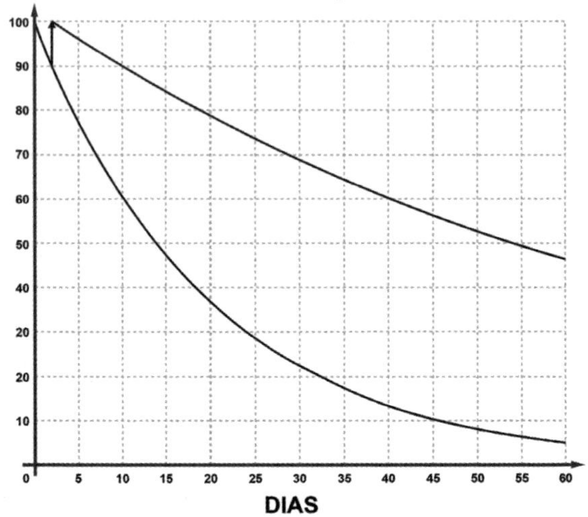

Mas não tão rapidamente. Dá para perceber (insistimos no exemplo dado) que uma boa revisão depois de dez dias permite voltar de 90% a 100%:

% de RETENÇÃO

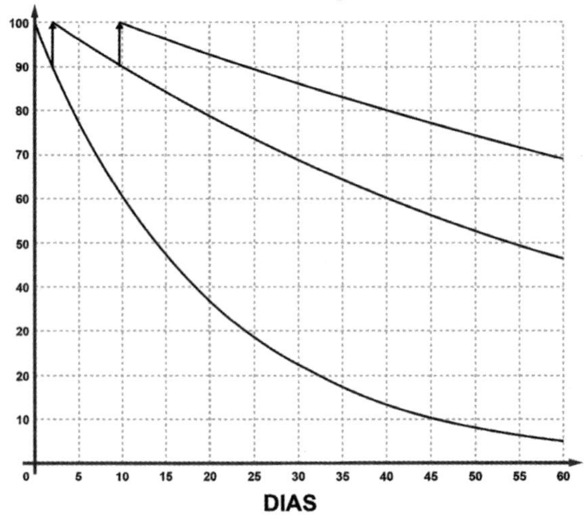

Mais uma vez, se a retenção cair para 90% da original (depois de 25 dias, no exemplo), podemos dar mais um *refresh*!

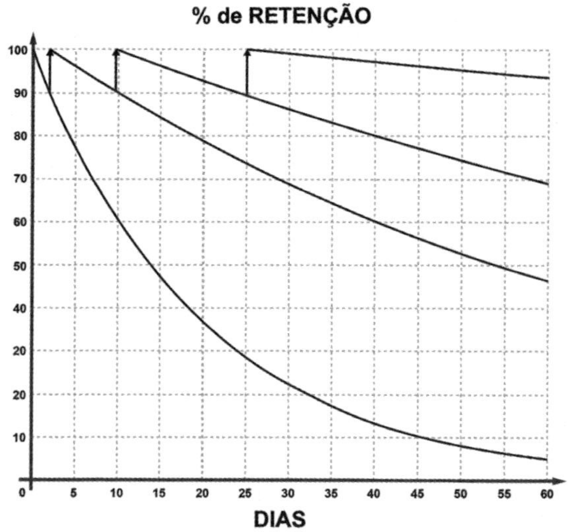

Note que, a cada "refrescada de memória", não só voltamos ao estado original como tornamos mais lento o decaimento subsequente.

Esse é um fato que raramente é levado em consideração na elaboração de materias didáticos.

No início da década de 1970, dando aula no cursinho de São Paulo, inventei uma ferramenta que batizei de caderno de atividades. Por uma questão de marketing, resolveram rebatizá-la (impropriamente) de apostila-caderno.

Essa ferramenta se mostrou tão eficiente que foi largamente imitada por esse Brasil afora, dando origem a inúmeros "sistemas de ensino", muitos dos quais erroneamente utilizados no ciclo básico.

A apostila tinha algumas características fundamentais (que são discutidas com detalhes em outro livro desta coleção), mas quero chamar a atenção sobre uma delas: ao final de cada aula, sempre eram propostos dois blocos de atividades.

4. Ainda com relação à questão anterior, supondo que a figura esteja em escala, podemos afirmar que a relação entre o período de revolução do planeta a em relação ao de b obedece à relação:
a) $T_a = 0,54\ T_b$
b) $T_a = 1,03\ T_b$
c) $T_a = 2,00\ T_b$

em casa

Consulte

Livro 2 – Capítulo 27
Caderno de exercícios 1 – Capítulo 27

Tarefa Mínima

1. Leia os itens 1 e 2
2. Faça os exercícios G01 a G03

Tarefa Complementar

Faça os exercícios G04 a G06

2

TAREFA MÍNIMA

Essa tarefa corresponde (como o nome diz) ao mínimo que deverá ser feito após a aula para que seja incentivada a formação de novos dendritos, de sorte a permitir uma reestruturação das redes neurais durante o sono.

Note que o "Leia" não é um simples "ler". O estudante é orientado a ler com lápis à mão, escrevendo em papel à parte todos os itens importantes.

TAREFA COMPLEMENTAR

Mais uma vez os imitadores copiam sem saber o porquê de certos detalhes do original. Já vimos muitos alunos serem orientados a fazer as duas tarefas (mínima e complementar) no mesmo dia.

Na realidade, quando o conceito de "caderno de atividades" foi criado, a orientação inicial era a de que a tarefa complementar deveria ser executada **na semana seguinte**.

Suponho que, nesse momento, você já tenha percebido o porquê.

– Driblar o Ebbinghaus?

Isso mesmo! Dar um *refresh* naquilo que foi aprendido na aula 16 antes que a aula 17 a canibalize!

Para evitar esquecimentos, programar rápidas e frequentes revisões das máterias estudadas.

Parte 2

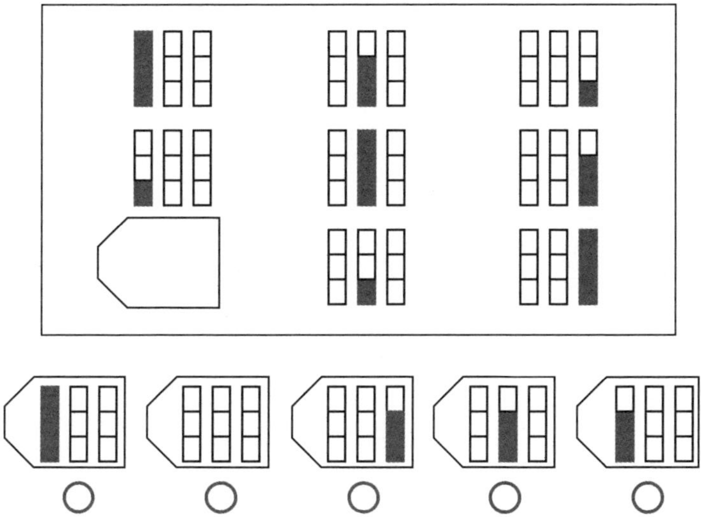

A NECESSIDADE DA INTELIGÊNCIA

A INTELIGÊNCIA ESTÁ ESCASSEANDO?

If the human brain were so simple that we could understand it, we would be so simple that we couldn't.[1]

Emerson M. Pugh (1896-1981)

O mundo se transforma muito rapidamente. Até ontem eu estava alertando as pessoas sobre os problemas causados pela TV.

E hoje? Pois é... hoje vemos as redes sociais assumirem, para muitos, o papel de um entorpecente, com todas as características e efeitos colaterais de uma droga química.

Por que os seres humanos têm essa fantástica habilidade de transformar os avanços tecnológicos em retrocessos intelectuais?

A explicação é relativamente simples: não fomos programados para essa explosão tecnológica!

O nosso projeto genético tem suas raízes em um mundo completamente diferente; portanto, nosso repertório de desejos está defasado em relação ao novo ambiente no qual esses genes todos tentam se manifestar.

O que é um desejo? Nada mais que a busca de um prazer.

E o que é um prazer? É um sentimento compensatório programado por nossos genes a fim de nos incentivar a executar ações que levem a uma maior probabilidade de sobrevivência e reprodução.

---

1 Se o cérebro humano fosse tão simples a ponto de que pudéssemos entendê-lo, nós seríamos tão limitados que não poderíamos fazê-lo.

Na hora do churrasco, qual a carne mais procurada? O que torna a carne suculenta e mais gostosa para a maioria das pessoas?

A gordura!

Mas... por que isso?

Argumentos como colesterol, entupimento das artérias, obesidade... de nada adiantam. A gordura é muito tentadora. A razão?

Simples! Até ontem (que em termos biológicos poderia ser há alguns milhares de anos) vivíamos da caça e da coleta casual de frutas e raízes. Em um mundo de fome e mil carências, uma das coisas mais indispensáveis para a sobrevivência – e uma das mais escassas – era justamente a gordura animal.

Consumida em quantidades moderadas, ela não só não é nociva como é indispensável para o bom funcionamento da biologia humana, especialmente se pensarmos na era glacial.

Mas era rara! Como resposta a essa raridade o repertório de desejos intensos do homem incluía a gordura. Acontece que hoje, quando essa escassez já não existe mais, o que era um estímulo útil se tornou um hábito danoso.

Sempre que temos um desejo, estamos buscando um prazer, que é a recompensa pela realização do desejo. Em algum momento da história humana essa busca foi útil, mas pode se tornar uma tragédia quando deixa de sê-lo.

Ao olhar um daqueles interessantes documentários sobre a natureza, vemos um urso pardo-abocanhar um salmão. De repente, o animal faz algo estranho, que nos pareceria análogo ao ato de jogar fora a banana e comer a casca: o urso comeu a pele do salmão e jogou fora o resto do peixe, riquíssimo em proteínas.

Ocorre que a pele do salmão é farta em gordura, e para um ser vivo que precisa acumular reservas para hibernar durante todo o inverno, esse desejo é tão elementar que TODOS os ursos, que pescam salmões, o têm!

No caso da humanidade, o repertório de desejos – que foi usado ao longo de milhares de anos visando a sobrevivência e reprodução – de repente se tornou inadequado para um meio ambiente completamente diferente.

O grande drama que estamos começando viver é o desenfreado consumismo contemporâneo, que alimentou a chama das mudanças tecnológicas tão rapidamente que nosso repertório não teve a menor chance de se adaptar.

E a pior coisa que existe para uma espécie é um desejo não funcional resultante da mudança do meio.

É bastante conhecida a experiência com ratos de laboratório submetidos a uma situação absolutamente incompatível com seu repertório natural de desejos: um finíssimo eletrodo de ouro inserido na caixa craniana dos animais estimulava seu centro de prazer sexual por meio de uma microcorrente elétrica.

Na gaiola desse ambiente artificial havia duas alavancas. Pressionando uma delas, o rato obtinha água e comida. Pressionando a outra, obtinha um orgasmo. Resultado?

TODOS os ratos submetidos a esse experimento morreram de fome e de sede!

Isso não faz lembrar o drogado ou o alcoólatra que, emagrecendo a olhos vistos, coloca a satisfação de um prazer químico à frente de necessidades básicas como alimentação e higiene?

Ou, o viciado em *video game*[2], que não atende aos pedidos de vir à mesa para jantar porque "está quase conseguindo passar para a próxima fase"?

Ou, então, o adolescente que não consegue mais articular uma frase coerente porque está "plugado" aos fones de ouvido praticamente 24 horas por dia?

Ao longo de toda a sua existência, a espécie humana sempre se viu mergulhada em um mar de estímulos que determinaram seu modo de vida e suas reações.

Esse mar foi mudando. Se o analisarmos quantitativa e qualitativamente ao longo dos tempos, nos defrontamos com algo assustador: as mudanças tecnológicas ocorridas nos últimos dez anos foram mais intensas do que as ocorridas nos cinquenta anos anteriores. Estas, por sua vez, foram mais importantes do que as ocorridas nos últimos cinco séculos! E o nosso patrimônio genético não está preparado para isso!

Caso você ainda não esteja convencido desse fenômeno, seguem alguns exemplos de desejos que acabam pervertidos em função de alterações ambientais.

Se alguém, de repente, lhe perguntar se um ser humano consegue alcançar uma gazela em uma corrida, qual seria a sua resposta? Provavelmente, "não", já que é fato sabido ser a gazela muito mais veloz do que o homem.

---

2 Pais relatam casos de crianças que colocam um balde embaixo da mesa do *video game* para nele fazer xixi e não perder tempo indo ao banheiro!

Mas, na realidade, se o homem for jovem, saudável e em boa forma física, ele conseguirá!

Como? Simples: correndo sem parar até a gazela praticamente desmaiar de cansaço enquanto ele ainda se mantém num ritmo mais lento e contínuo.

O que dá à nossa espécie tamanha persistência e, diga-se de passagem, resistência?

Correr por longo tempo causa sofrimento. Havendo, porém, a necessidade de continuar a corrida, nosso cérebro começa a produzir endorfinas, verdadeiras drogas químicas que atenuam o cansaço e causam uma sensação de bem-estar.

A sensação é tão agradável que muitos praticantes de exercícios físicos se tornam verdadeiros viciados em corridas.[3]

Quando o meio ambiente, porém, começa a fornecer ao cérebro um substituto de sua "droga caseira", trocando-a por algo mais "profissional" como maconha, cocaína, crack, ópio, heroína etc., é quase inevitável que aconteça um desastre!

3 Ótimo exemplo para atestar que alguns vícios podem ser benéficos.

Aquele desejo saudável que nos permitia caçar com eficácia ou até, atualmente, manter uma boa forma física, acaba nos tornando dependentes químicos com todas as desagradáveis consequências pessoais e sociais que isso implica.

A preguiça, por exemplo, é um estado muito útil para um indivíduo subnutrido que precisa poupar energia. No mundo moderno, porém, gera o sedentarismo, que é uma das causas mais frequentes de problemas cardíacos.

O que também estamos vendo, hoje, é um aumento assustador do sedentarismo intelectual. A preguiça mental domina o modo de vida da maioria das pessoas.

Para que ler jornal se eu posso receber as mesmas notícias assistindo ao noticiário da TV?

Para que ler o livro se eu posso conhecer a mesma história indo ao cinema, ou, pior ainda, deitado em minha cama, assistindo-a em um DVD em alta definição?

Para que quebrar a cabeça com cálculos mentais, aprendendo a tabuada, se eu tenho uma calculadora no celular?

Para que levantar de minha escrivaninha para trocar ideias com um colega de trabalho se eu posso me comunicar com ele pelo Facebook?

Estamos nos tornando dependentes tecnológicos, e isso está acelerando o progressivo processo de imbecilização da humanidade.

Se você ouvir a opinião de jovens jornalistas a respeito desse fenômeno, profissionais que em vez de falar "os *media*", falam "a mídia"[4], vai escutar exatamente o oposto do que estou escrevendo.

---

4 A expressão "a mídia" já consta de dicionários, o que demonstra o crime que foi cometido quando tiraram latim do currículo do ciclo básico!

O adjetivo mais usado por eles é "antenado", indicando alguém que está hiperatualizado sobre as últimas novidades tecnológicas.

A habilidade em manusear teclas é confundida com inteligência. E como a burrice é uma virtude muito disseminada no meio educacional, vemos agora escolas substituindo cadernos por *tablets*, naquilo que eu definiria como um desonesto golpe publicitário!

Afirma-se que as crianças de hoje são mais inteligentes que as do passado. Mas quem afirma isso não foi nem conviveu com uma criança do passado. Eu fui uma **criança do passado** e sei muito bem o que estou falando. Nasci em 1943 e fui um menino talvez muito curioso e ativo, mas dentro dos parâmetros da normalidade.

Vou dar apenas dois exemplos do que era uma criança pré-tecnológica.

Ao completar o 3º ano do curso primário (com idade de 7 para 8 anos), eu e todos os meus colegas de classe do sexo masculino fomos obrigados a sair do colégio de freiras e passar para a escola pública. Isso porque o colégio de freiras era para meninas, e só aceitava meninos até o 3º ano.[5]

Fomos submetidos, então, a um exame para verificar se tínhamos condições de ingressar no 4º ano. Na prova de matemática caiu uma questão da qual me lembro perfeitamente até hoje, e, neste momento, desafio o leitor a resolvê-la.

---

5 Talvez se supusesse que, a partir daí, corria-se o risco de que assediássemos sexualmente as inocentes educandas.

Imagine uma casquinha de sorvete com o formato de um cone.

O raio da base desse cone é de 2 cm, e sua altura é de 8 cm.

Sobre esse cone é colocada meia bola de sorvete de raio também igual a 2 cm.

Quando a meia bola de sorvete derreter, se não houver mudança de volume, a casquinha vai transbordar?

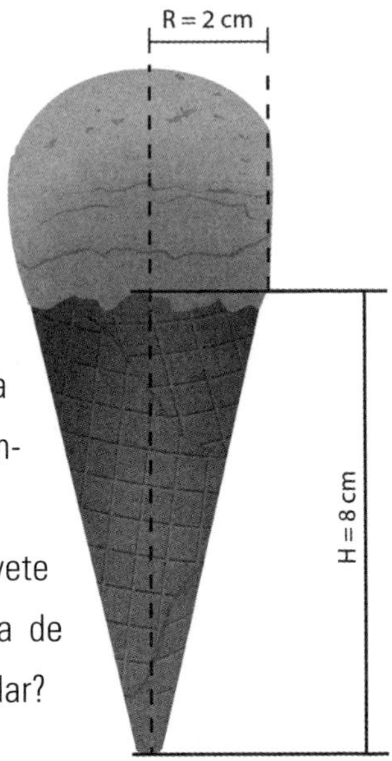

Todos, repito, TODOS os alunos da minha sala conseguiram resolver o problema demonstrando que o volume da semiesfera era menor que a capacidade[6] do cone.

Aliás, nesse caso, é a metade.

Além disso, eu e mais cinco colegas nos propusemos a calcular quanto da altura do cone seria preenchido pelo sorvete derretido.

Eu estimei 3/4, o que não deixa de ser um bom palpite; um cálculo mais preciso – que acabei efetuando anos depois (acho que já tinha uns 10 anos) – me mostrou que, em vez dos 75% que eu havia estimado, o valor mais acurado seria de 79,4%.

Se essa questão fosse proposta hoje na prova do ENADE para formandos em engenharia, duvido que muitos a resolvessem!

6 E todos nós sabíamos a diferença entre capacidade e volume!

As crianças de hoje são mais inteligentes? Quantas crianças de 7 ou 8 anos você conhece capazes de resolver uma questão como essa?

Com quase 12 anos desembarquei no Brasil, no porto de Santos, e três meses depois estava na sala de aula de um colégio brasileiro.

Essa abrupta mudança de país, de idioma, de cultura, de clima etc. significou, para mim, um nítido divisor de águas.

Se eu quero me lembrar de quando li determinado livro, basta recordar se o fiz na Itália ou no Brasil. Isso permite uma datação na minha memória.

E agora, vamos lá, é a hora da saudade, pode perguntar.

– *Quando você leu* O doente imaginário, *de Molière?*

Na Itália, ou seja, antes dos 12 anos.

– *E* Sonho de uma noite de verão, *de Shakespeare?*

Também antes dos 12.

– *E* Ilíada, Odisseia, Moby Dick, *os livros de Arthur Clarke, Isaac Asimov, todas as peças teatrais de Shakespeare, todas as comédias de Molière, todos os romances de Júlio Verne, Victor Hugo, Alexandre Dumas e outros tantos?*

ANTES DOS 12!

Hoje, quantas crianças de 12 anos você conhece que tenham lido, não digo tudo isso, mas a metade, ou um quarto disso que seja?

E ainda tem-se coragem de dizer que as crianças de hoje são mais inteligentes?

Poderiam sê-lo, sem dúvida, se fossem expostas a um repertório de estímulos intencionalmente escolhidos para aumentar seu nível de inteligência.

Infelizmente, vivemos em um país onde o sistema escolar não só não preenche essa necessidade como parece planejado, intencionalmente, para DIMINUIR o nível de inteligência de seus alunos.

Esse é o sistema educacional do qual você, provavelmente, foi vítima.

Com este livro, estou tentando fornecer uma série de ferramentas de raciocínio a você, querido concursando, de maneira a reverter o processo e promover a tal ginástica mental na qual tanto insisti no volume 1, *Aprendendo inteligência*.

Mas vá com calma e não tente abraçar o mundo com as mãos.

Tenha sempre em mente que a tecnologia não substitui o cérebro!

Uma máquina de calcular, por exemplo, é uma ferramenta a ser usada quando necessário, e não uma muleta mental que deva substituir sua habilidade de cálculo.

Você pode se tornar cada vez mais inteligente (em qualquer idade) desde que tenha consciência de que o processo é gradual.

Seu principal objetivo deve passar a ser este: tornar-se cada vez mais inteligente! E a tecnologia mais sofisticada que existe foi colocada DENTRO de sua caixa craniana.

Nada substitui o cérebro. Esse é o computador que você deve realmente aprender a programar.
Ser aprovado no vestibular ou em um concurso público passará a ser um agradável efeito colateral.

OS TESTES DE Q.I.

If the Aborigine drafted an I.Q. test, all of Western civilization would presumably flunk it.[1]

Stanley Garn (1922-2007)

Uma das coisas que mais embaraçam um psicólogo é quando alguém pergunta:

– *Afinal de contas, o que é "inteligência"?*

Como eu não sou psicólogo nem pedagogo, não tenho o menor embaraço em responder a essa questão:

Inteligência é a habilidade em descobrir regras.

Às vezes, elas são extremamente óbvias. Se eu vejo o dia clarear toda manhã, posso supor que amanhã de manhã irá clarear.

Outras vezes, são extremamente complicadas. Se você nunca jogou gamão, por exemplo, e ficar observando duas pessoas disputar uma partida, é provável que demore um bom tempo até descobrir as regras do jogo.

Para medir a capacidade de um indivíduo em descobrir regras, eliminando a influência do contexto cultural, foram criados os testes não verbais. Os mais comuns são os de matrizes

1 Se um aborígine criasse um teste de Q.I., toda a civilização ocidental, provavelmente, seria reprovada.

progressivas, e estão normalmente estruturados como se fossem um corte de tecido do qual foi retirado um retalho.

Cabe à pessoa que está sendo submetida ao teste descobrir qual o pedaço faltante. Para que não haja necessidade de ficar explicando essa regra, as primeiras questões são absolutamente óbvias:

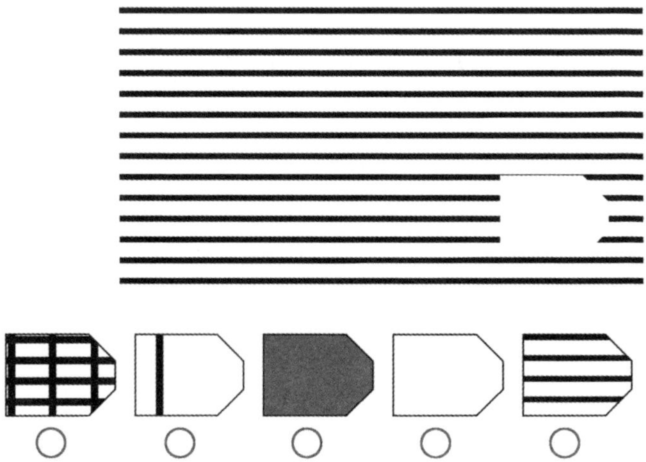

É claro que a opção a ser escolhida é:

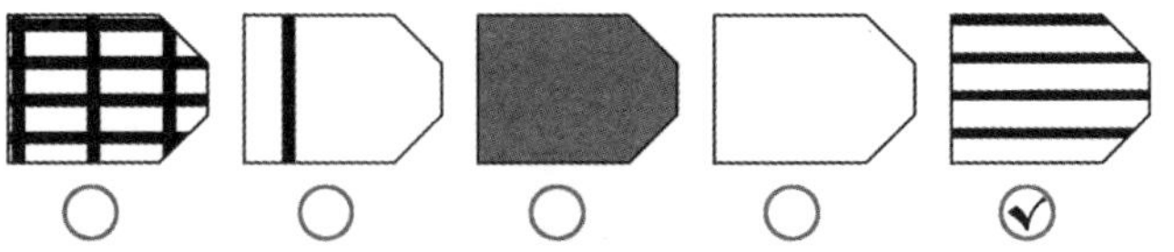

Uma vez que a pessoas tenha entendido o espírito da coisa, as questões começam a apresentar mais algum grau de dificuldade.

A regra a ser descoberta já não é óbvia, mas também não é nenhum bicho de sete cabeças:

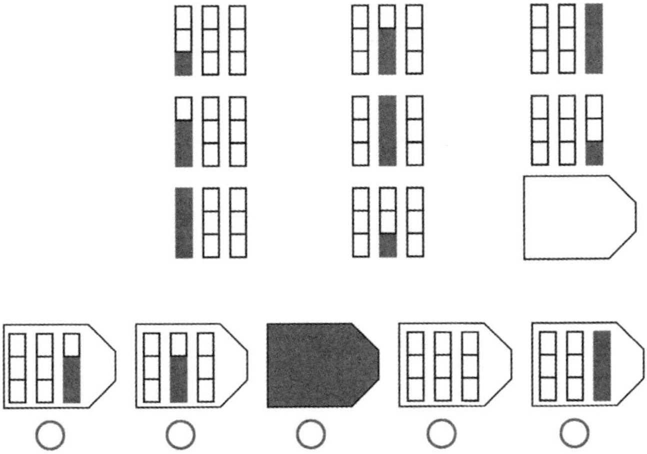

É só contar quantas casinhas estão preenchidas em cada coluna...

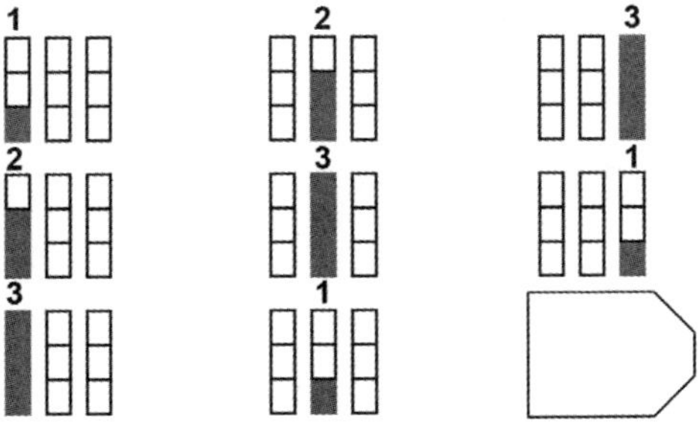

... para perceber que o que está faltando é a 3ª coluna com 2 casas preenchidas:

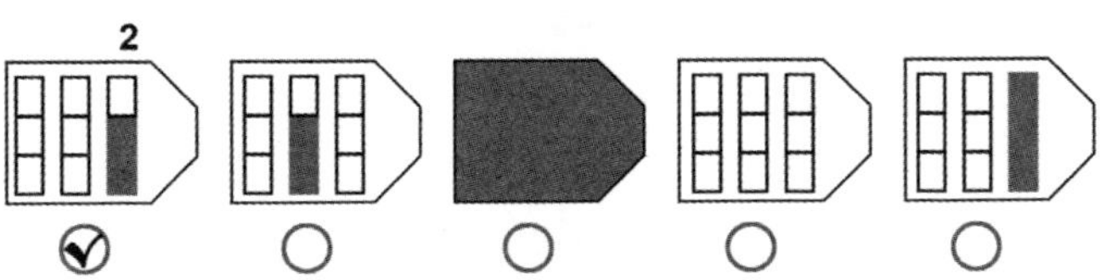

Nem sempre, porém, a quantidade que seria a "dica" para resolver o teste é expressa em algarismos (hoje, diríamos de forma "digital").

Em alguns casos, é no "olhômetro" (hoje, diríamos de forma "analógica"):

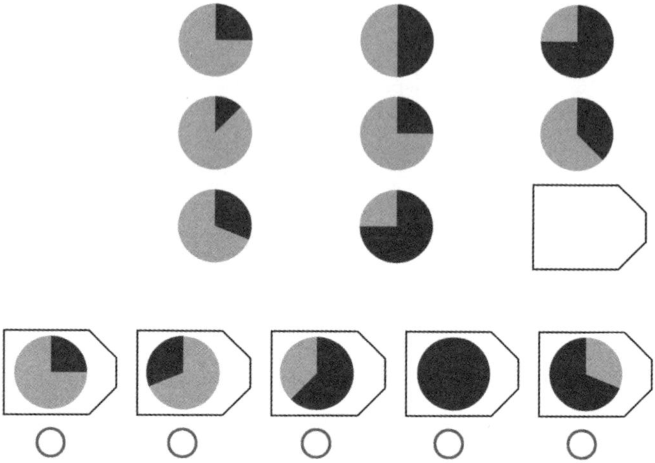

Indo da esquerda para a direita, é como se você fosse montando uma pizza, sempre da mesma forma em cada linha: 1 fatia, 2 fatias, 3 fatias.

Como na linha de baixo a primeira fatia é de 1/3 de pizza e na segunda é 2/3, é claro que na terceira será de 3/3, ou seja, a pizza inteira:

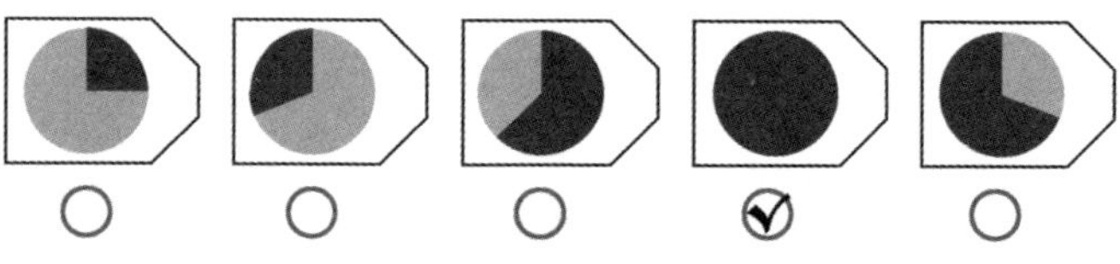

Se você acha que é moleza, chegando ao final do teste começa a se defrontar com desenhos que parecem ser feitos ao acaso:

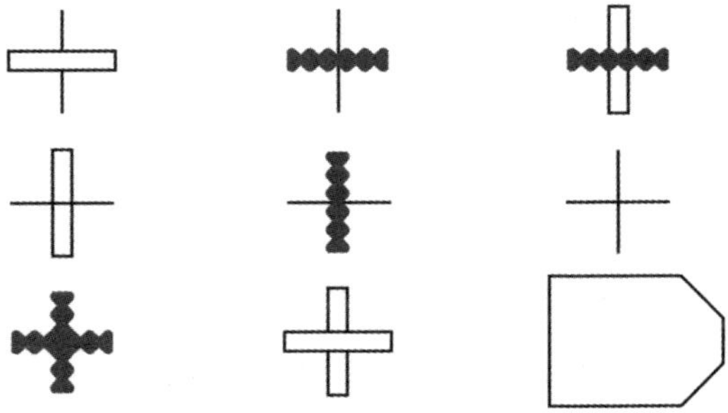

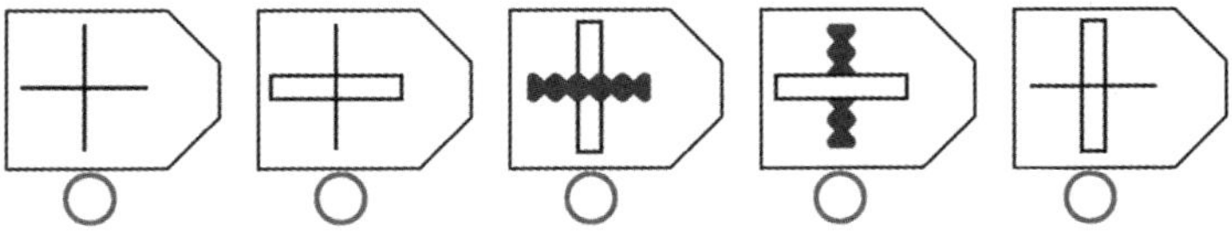

E agora, qual a regra oculta? Bem, de cara, um conselho: não olhe para as opções de resposta: concentre-se na matriz.

Uma coisa que ajuda bastante, é verbalizar o que você está vendo, dando nome aos objetos. Como eu sou italiano, não poderia deixar de fazer uma associação com massa:

 Espaguete

 **TALHARIM**

 *Parafuso*

Agora, confira os nomes a cada figura que você vê na matriz, começando pelo elemento que está na horizontal:

TALHARIM **Espaguete**	*Parafuso* **Espaguete**	*Parafuso* **TALHARIM**
Espaguete **TALHARIM**	**Espaguete** *Parafuso*	**Espaguete** **Espaguete**
Parafuso *Parafuso*	**TALHARIM** **TALHARIM**	

Agora me diga, de quem você sente falta?

Isso mesmo:

TALHARIM
Parafuso

Complicado? Olha esse:

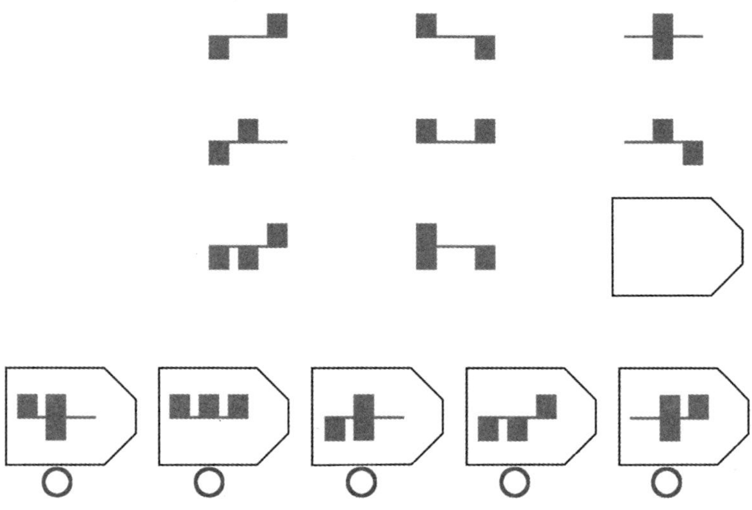

Tente não olhar a solução a seguir. Pense um pouco (dica: imagine que sejam quadros sucessivos de um desenho animado).

Descobriu? Não? Então larga mão de ser preguiçoso e pense um pouco mais.

Na primeira linha já dá para descobrir o "cineminha": quem está na ponta capota e quem já capotou anda meia barra:

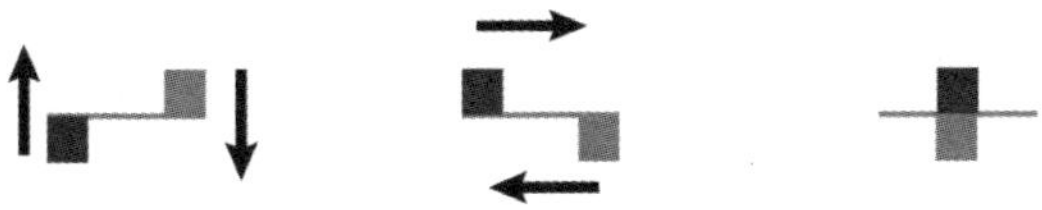

Vamos conferir na segunda?

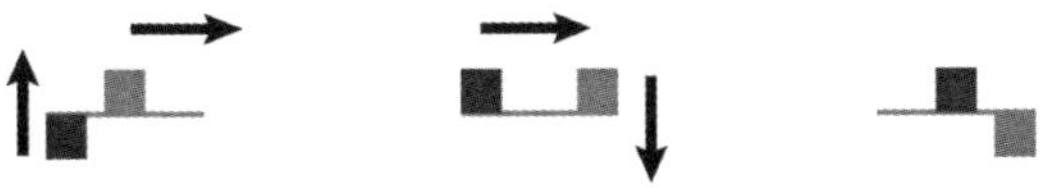

Na terceira linha, então:

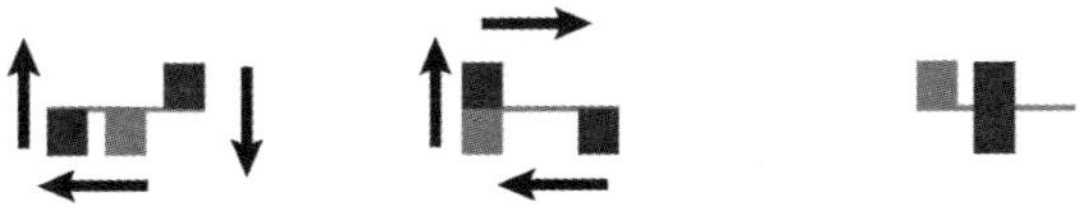

Portanto a resposta é:

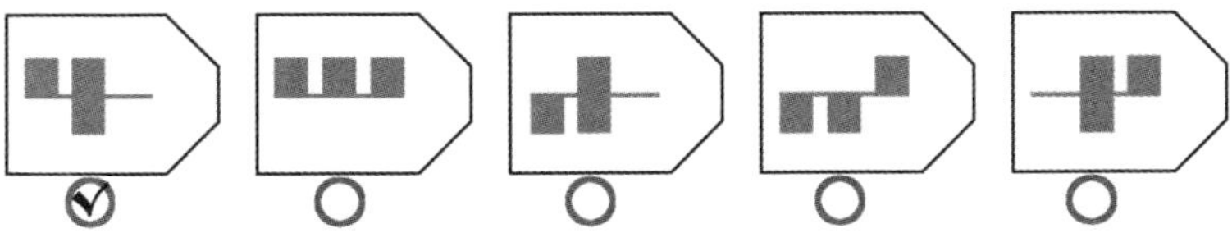

O conselho, agora que você pegou o jeito, é fazer mais um monte de testes desses como forma de lazer. É mais divertido que palavras cruzadas e desenvolve muito mais a inteligência.

– *Onde achar mais?*

É só entrar em algum site de busca e digitar **I.Q. test**, e surgirão dezenas deles!

Enquanto isso, tente resolver estes:

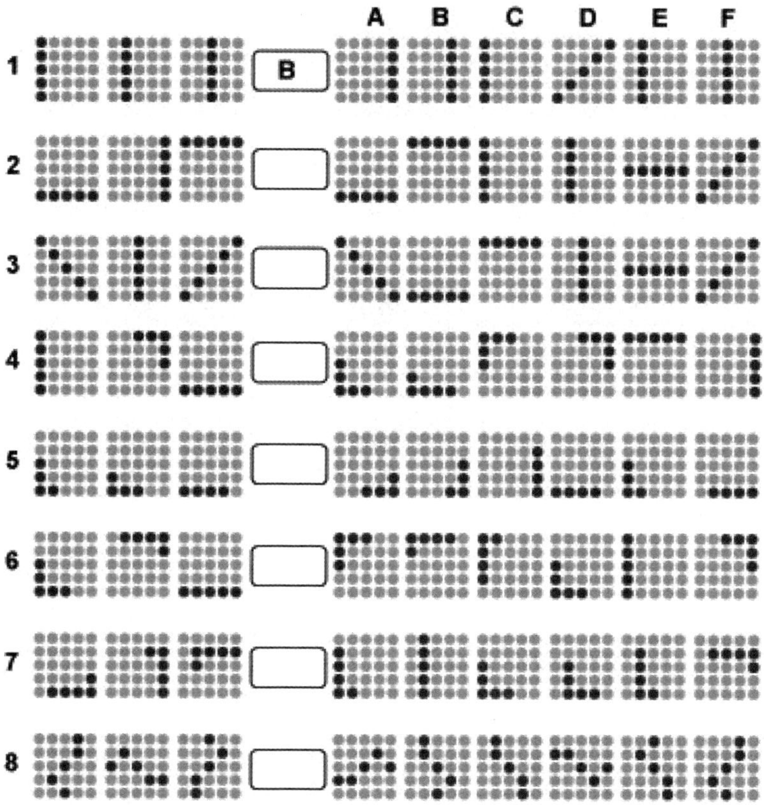

Bom divertimento!

Parte 3

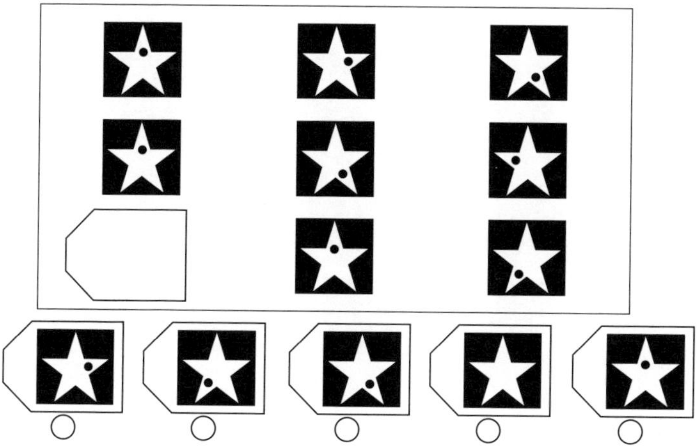

AS TÉCNICAS DURANTE A PROVA

EXAME versus CONCURSO

God made the Idiot for practice,

and then He made the School Board.[1]

Mark Twain (1835-1910)

Como não me canso de afirmar, o ser humano não fala porque pensa, mas pensa porque fala! A maneira como falamos é a mesma como pensamos.

Sempre insisti na consequência desse fato junto aos meus alunos: "O Homem que fala errado... PENSA ERRADO!".

Poderia citar mil exemplos relativos aos equívocos, como os que insistentemente já mencionei neste e em todos os meus outros livros de neuroaprendizagem: confundir "aluno" com "estudante", "entender" com "aprender".

Às vezes, essas armadilhas linguísticas nos levam a cometer erros gravíssimos, com sérias consequências sociais.

Confundir, por exemplo, "inflação" com "aumento de preços" leva os burocratas que gerenciam a economia a conter a inflação aumentando a taxa de juros. Isso é de uma estupidez asinina. Qualquer criança sabe que "aumento de preços" não é sinônimo de "inflação": é uma eventual CONSEQUÊNCIA da inflação.

A única forma de conter a inflação de forma séria é a contenção da farra dos gastos públicos.

---

1 Deus criou o idiota para adquirir prática, e então Ele fez as autoridades de ensino.

Se eu estou com febre alta como consequência de uma séria infecção, tomo aspirina ou antibiótico?

Pois é, o Banco Central toma aspirina!

Esse é o grande perigo das armadilhas linguísticas: pessoas inteligentes e competentes cometem erros terríveis, pois esses ardis são acionados em um nível muito subliminar, inibindo as campainhas de alarme que permitiriam o uso da autocrítica.

Pois bem, um dos enganos que mais prejudicam os candidatos a concursos e vestibulares é confundir "exame" com "concurso".

Vamos explicar isso detalhadamente para que você, caro leitor, não adote estratégias de estudo completamente equivocadas por, justamente, cair nessa armadilha.

Normalmente, um exame é realizado por meio de provas. Como o concurso também implica a realização de provas, é comum confundir-se os dois conceitos.

O estudante pensa assim: "Nos dois casos vou realizar provas; portanto, devo me preparar da mesma forma".

Engano!

Se fosse apenas um equívoco conceitual, poderíamos até dizer que estou preocupado com "firulas".

Na realidade, essa confusão pode trazer consequências trágicas aos candidatos, e por isso estou dedicando um capítulo inteiro a esse assunto.

A função de um exame é, com o perdão da obviedade, examinar, ou seja, verificar até que ponto o examinando domina o assunto que é alvo do processo.

Quem está elaborando uma prova para que seja aplicada no exame, parte do seguinte princípio: Quero que um aluno absolutamente bem preparado tire nota 10!

Por outro lado, o sujeito que está elaborando uma prova para ser aplicada em um concurso tem outro objetivo. Ele quer discriminar, ou seja, quer separar o bem preparado do excelentemente bem preparado.

Ele não está preocupado em determinar o quanto o candidato (o "concursando") sabe, mas sim o quanto ele é melhor ou pior do que o outro candidato que com ele está competindo para uma mesma vaga.

Imagine, por exemplo, que a prova do exame seja um instrumento de ficção científica, capaz de medir a "voltagem mental" dos estudantes que estão sendo submetidos a ela.

Vamos imaginar, ainda, que o critério do examinador seja o de elaborar uma prova que determine se o examinando tem pelo menos 100 "volts" de potencial intelectual.

Usando o instrumento que acabamos de inventar, ele se defronta com dois examinados: um tem um potencial de 108 V e o outro de 116 V.

Por meio de tal instrumento, veremos que, em ambos os casos, eles conseguem "bater" no fundo da escala.

Os dois "passaram" no exame!

Por outro lado, se o examinador que está preparando a prova referente a um concurso utilizar o mesmo instrumento, se verá em palpos de aranha.

O candidato bem preparado vai tirar 10, e o muito bem preparado, também! Ou seja, os dois vão "bater" no fundo da escala! E a discriminação foi por água abaixo.

Se você estivesse no lugar do examinador, o que faria? Pense um pouco. Com certeza você responderia:

– *Aumentar o tamanho da escala?*

Certo, elaborar uma prova muito mais difícil fornecendo um tempo bem mais curto para as respostas. Na nossa metáfora, seria utilizar um "voltímetro" com fundo de escala mais afastado.

Se tenho dois pretendentes e apenas uma vaga, agora reúno condições para determinar que o candidato de potencial 108 V é pior do que o outro, de 116 V.

– *Ah* – diria um economista do Banco Central –, *mas você está desperdiçando quase um terço da escala que acabou ficando sem uso.*

E daí? Se um terço das questões de uma prova de concurso ficou sem resposta, isso não tem a menor importância! O que eu queria, consegui: DISCRIMINAR!

É claro que não posso exagerar ao afastar o fundo de escala.

Imagine uma prova com cem questões.

Tanto o candidato que teria condições de responder 108 questões quanto o que poderia responder 116, vão bater no fundo da escala.

Se eu aumentar, agora, o número de questões para 200, vou conseguir diferenciá-los.

Mas, se em um ataque de insanidade eu resolvesse fazer uma prova com mil questões, voltaria a deixar de discriminar, já que os dois candidatos não teriam condições de varrer nem 10% delas.

É o que acontecia, por exemplo, em uma faculdade de Engenharia particular de São Paulo, que elaborava uma prova de Física tão difícil em seu concurso vestibular que os aprovados entravam com média, nessa disciplina, inferior a 1,5!

É óbvio que essa prova não discriminava coisa alguma. Era apenas o chamado "efeito fachada".

Os picaretas que dirigiam essa faculdade se utilizavam, justamente, de uma armadilha linguística: "a prova é muito difícil, logo... é difícil entrar nessa faculdade"!

Isso, é claro, para transmitir a ideia de que o vestibular era muito competitivo, portanto o alunado seria altamente selecionado!

Veja como as armadilhas estão disseminadas em seu caminho, caro leitor.

Foi justamente isso que tentei explicar a, no mínimo, três gerações de jornalistas que, logo após a realização de um importante concurso vestibular, me entrevistavam formulando a pergunta mais imbecil que poderia ser feita:

– Professor, este ano a prova foi mais fácil ou mais difícil do que em anos anteriores?

Aí eu passava uns dez minutos tentando explicar que a pergunta era destituída de sentido. Em um concurso não existe prova fácil ou difícil, existe prova seletiva ou não seletiva.

Mostrava a eles que, muitas vezes, um candidato que tirasse uma nota baixa acabava ganhando a vaga. Bastava, para isso, que seus concorrentes tirassem uma nota mais baixa ainda!

Explicava que havia uma grande diferença entre exame, em que as pessoas são ou não "aprovadas", e concurso, no qual elas são "selecionadas".

Se houvesse tempo, contava aos jovens jornalistas como eram os vestibulares de antigamente. A nota mínima por matéria era 5, e a média mínima era 6. Havia, então, a figura do aprovado, porém não selecionado, o famoso excedente!

Havia, também, a possibilidade de as vagas não serem preenchidas por não haver quantidade suficiente de aprovados[2], o que, aliás, ainda está acontecendo nos concursos do Poder Judiciário, em que um cidadão tem a pretensão de ser juiz e escreve "fasso" em vez de "faço".

– Obrigado, professor – continuavam os jornalistas –, *mas a prova foi mais difícil ou mais fácil do que em anos interiores?*

Nesse momento você está pensando: "Mas... esse (ou essa) jornalista é burro(a)?".

---

2 No vestibular que prestei para o curso de Física na Universidade Mackenzie, havia 40 vagas e, em primeira chamada, apenas 32 foram preenchidas.

Na verdade, não. Aliás, é provável que seja alguém bastante inteligente. Como dizia o escritor e jornalista Pitigrilli[3] (1893-1975):

A verdadeira inteligência consiste em saber se pôr no lugar dos outros.

O jornalista inteligente é o que se põe no lugar do leitor: sabe que o público é ignorante demais para saber distinguir entre um exame e um concurso; portanto, insiste na pergunta estúpida para satisfazer um público estúpido.

Mas você, caro leitor, não é estúpido com certeza e, portanto, está começando a compreender a diferença.

– *Mas...* – você está perguntando –, *qual a utilidade em saber isso?*

Não há só uma, mas várias.

A OBRIGAÇÃO

Como você já deve ter pensado, existe o famoso questionamento: "Eu tenho a obrigação, o dever, de passar em um concurso?".

Seja no caso de um concurso para um cargo ou de um vestibular para uma vaga em uma boa universidade, a resposta é NÃO.

Quando você presta um exame, está competindo consigo mesmo. Quando você se submete a um concurso, está competindo com outras pessoas.

---

3 Na realidade, seu verdadeiro nome era Dino Segre. Ao ser perguntado por que escolhera o pseudônimo Pitigrilli ele respondeu que era porque gostava de por os pingos no iiis!

Ora, não existe nenhum sistema ético ou moral que obrigue alguém a ser melhor que os outros!

Há muito tempo, em uma turma de curso pré-vestibular no qual eu lecionava Física, vários alunos conquistaram uma vaga na Medicina da Santa Casa de São Paulo; organizaram um churrasco para comemorar e me convidaram.

Apesar de vegetariano (sempre dá para colocar um espetinho de queijo na brasa), aceitei o convite, até porque o churrasco foi na chácara onde moro.

Uma das alunas, a Claudia (que, já há bastante tempo, deve ser a doutora Claudia), conseguiu a lista dos cem aprovados e as respectivas médias de aprovação.

O primeiro colocado obteve média 8,3. O último colocado (o centésimo) teve média 8,2!

Agora eu pergunto: E o coitado que obteve 8,1?

Ele pode ser recriminado pela família? (*"Seu vagabundo! Você não 'passou' no vestibular!"*)

Caro leitor, você concorda que, se esses números representassem uma pesquisa eleitoral, seria o famoso "empate técnico"?

Esse candidato estava tão capacitado quanto os demais. Apenas teve a má sorte de encontrar outros cem indivíduos um milímetro mais bem preparados, ou, até, em se tratando de uma prova tipo teste, com um milímetro a mais de sorte.

Portanto, lembre-se: você tem a obrigação de passar em um exame (ou em um concurso que exija uma nota mínima), mas não tem a menor obrigação de obter uma vaga em um concurso, incluindo, aí, um vestibular.

Imagine alguém que acaba de se formar "bacharel em Ciências Jurídicas".

Essa pessoa resolve tentar duas opções em lados opostos da trincheira do Direito: vai prestar o exame da OAB (Ordem dos Advogados do Brasil) para obter a carteira de advogado e, ao mesmo tempo, se inscreve em um concurso público pra delegado ou promotor.

No exame da OAB ele tem a obrigação de passar!

É inconcebível admitir que alguém, após cinco anos estudando Direito, seja reprovado em um exame que exige, simplesmente, conhecimentos de Direito!

Por outro lado, no concurso público, você não deve se envergonhar por não ter sido selecionado. Você não tem nenhum tipo de controle sobre os outros candidatos!

Não se sinta, portanto, na obrigação de passar. Essa sensação (sentir-se obrigado) é talvez um dos fatores mais decisivos para o fracasso. Vá às provas com o coração leve!

– *Mas eu já estou me preparando há anos e nunca consegui nada!* – ouço alguns exclamarem. – *E você está me dizendo que não tenho obrigação?*

Desculpe, mas você não está se preparando há anos: você **acha** que andou se preparando. Usou técnicas equivocadas, estudou de forma errada e acreditou inconscientemente que a quantidade poderia suprir a qualidade.

Insisto, a culpa não foi sua: você foi vítima de um sistema educacional absolutamente idiota!

Agora, cuidado! Depois de ler este livro, aí, sim, a responsabilidade passa a recair sobre suas costas!

O FATOR TEMPO E A ANSIEDADE

Outro ponto no qual você certamente já deve ter pensado é: "Como tornar a prova mais difícil para que ninguém bata no fundo da escala?".

É claro que uma das técnicas mais simples é utilizar o fator tempo.

Conceder uma quantidade de tempo escassa a todos os candidatos é a melhor forma de impedir que vários deles batam no fundo da escala.

Ou seja, em um concurso bem elaborado NINGUÉM TIRA 10!

Por definição: NÃO VAI DAR TEMPO!

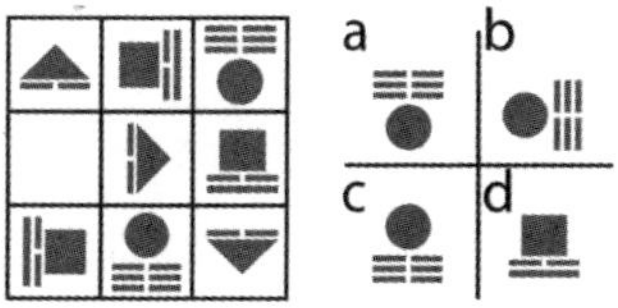

☐a
☐b
☐c
☐d

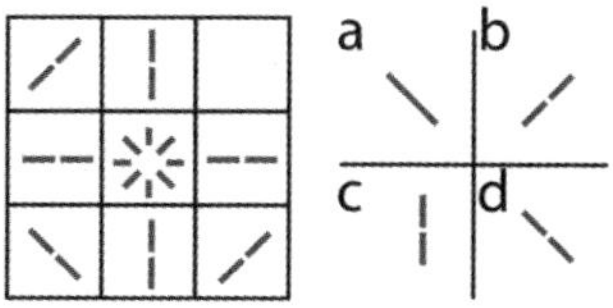

☐a
☐b
☐c
☐d

É evidente, portanto, que um bom gerenciamento do tempo durante a prova é um fator muito importante para o sucesso. Mais adiante, veremos como fazer isso de forma inteligente.

Por enquanto, você deve começar a se convencer de que, se não vai dar tempo para você, não vai dar para nenhum de seus concorrentes. Assim, ficar ansioso só vai prejudicá-lo.

Você foi condicionado, durante sua infância e adolescência, a estudar de forma errada (que no fundo significa NÃO ESTUDAR) e a realizar provas de forma equivocada.

Não vai ser fácil você se livrar de pelo menos doze anos de condicionamento, muitas vezes reforçado por uma orientação tão inadequada quanto a dada por muitos "cursos preparatórios".

Se você não fizer um esforço para se livrar dos hábitos adquiridos durante anos de equívocos, vai continuar jogando tempo e dinheiro no lixo.

Um dos erros mais prejudiciais, por exemplo, é justamente o de começar uma prova achando que vai ter chance de tirar 10.

Cada questão que você deixa de fazer é uma facada no coração!

Você vê seu "10" desaparecer ao longe e começa a ficar ansioso.

Na sua cabeça, a ansiedade gerada pela sensação de fracasso começa a monopolizar sua atenção e você perde a concentração.

É nesse momento que entra em cena o fantasma mais temido por qualquer concursando: o branco!

DEU BRANCO!

Essa é a sensação mais maldita para quem está prestando um concurso.

Como evitá-la?

Simples: você sabe que deve resolver o maior número de questões, o máximo possível.

– *Mas isso é óbvio!* – ouço você exclamar.

Calma. Acontece que "máximo possível" não significa "tudo". Se a prova foi estruturada de forma inteligente, o "máximo possível" vai estar bem aquém do "tudo".

O que você deve fazer, assim que a prova começar, é olhar para as questões e mentalizar o seguinte raciocínio: "Até agora não resolvi nenhuma das questões; portanto, acabo de tirar ZERO!". O que não deixará de ser verdade. Afinal, se você entregar a prova nesse instante, essa será realmente a sua nota.

A seguir, pense assim: "Como ainda tenho X horas à disposição, vou tentar resolver alguma coisa. O que vier é lucro!".

Ou seja, em vez de partir de lá de cima (10) e ir despencando ladeira abaixo, alimentando a ansiedade, parta lá de baixo (0) e vá subindo, ficando feliz a cada pequena vitória.

Lembre-se, se em vez de tirar um 10 você conseguir um 4, poderá ser uma grande vitória se seus concorrentes tirarem 3.

Em uma prova elaborada para exame (e não concurso), o conhecimento do assunto a ser examinado é essencial. Por outro lado, se essa prova é elaborada para um concurso, o simples conhecimento do tema não é suficiente. A agilidade mental, a rapidez de raciocínio, a criatividade, em suma, a INTELIGÊNCIA, passa a ser o fator preponderante.

Você tem o dever de ir bem em um exame, porém não tem a menor obrigação de "passar" em um concurso.
Concurso é elaborado, intencionalmente, para que ninguém tire nota 10, para poder diferenciar o candidato bom do candidato excelente.
Fique feliz a cada questão resolvida, e não triste a cada questão ignorada. Todo mundo erra questões, você e seus concorrentes.

APROVEITAMENTO DO TEMPO

Sed fugit interea fugit irreparabile tempus.[1]

Publius Vergilius Maro (70 a.C.-19 a.C.)

Como já vimos, se o concurso foi estruturado de forma competente, o tempo será certamente escasso.

– *E como gerenciar o tempo escasso?* – ouço você perguntar.

Simples, basta lembrar como funciona nosso cérebro.

No sistema límbico, é como se tivéssemos uma memória RAM (pequena e transitória), e no córtex, um HD.[2]

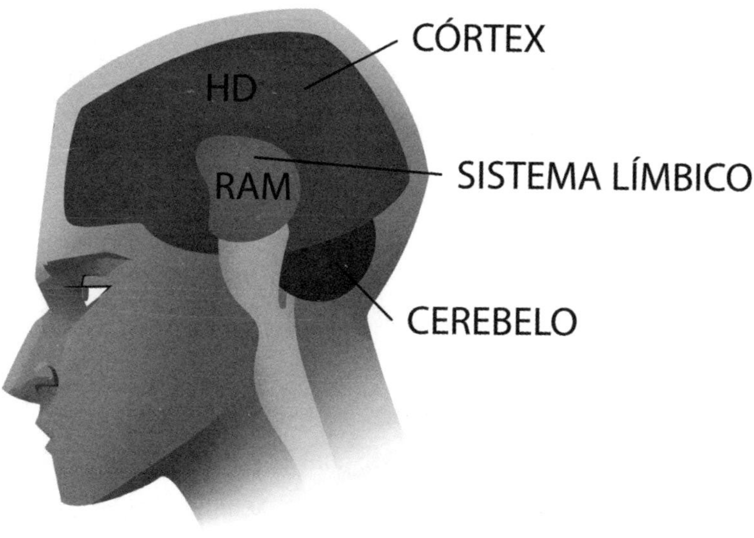

1 Mas ele foge: irreversivelmente o tempo foge.

2 Para maiores detalhes, veja o volume 1 desta coleção.

Assim como no computador eletrônico, a parte "viva", a que está no controle, é justamente a RAM, e o HD é utilizado apenas para "consultas".

Enquanto você estiver acordado, todas as informações são colocadas, de forma instável e precária, na RAM, e durante o sono elas poderão (ou NÃO!) ser salvas no HD.

Se antes do sono o assunto referente às informações for ESTUDADO, a chance de ser "salvo" aumenta consideravelmente.

Por isso, por exemplo, não adianta nada assistir às aulas no período noturno e deixar o estudo para o dia seguinte, ou, pior ainda, para o fim de semana.

A arquitetura do cérebro faz com que a parte menos inteligente e menos informada esteja no controle (na RAM), e a parte mais inteligente fique nas sombras (no HD), naquilo que Freud batizou de subconsciente.

Em uma estranha, porém funcional, analogia. É como se tivéssemos, dentro do crânio, um idiota que grita e um gênio que sussurra.

É claro que, durante a prova, você só ouve o idiota, e, se não usar técnicas adequadas, jamais ouvirá o cochichar do gênio.

Com certeza você já passou pela seguinte experiência:

Chegou à questão 13, percebe que não sabe responder, pula e vai para a 14, depois para a 15, para a 16 e assim por diante.

Quando chega à questão 31, por exemplo, do nada, eis que surge um estalo!

A resposta da 13 está bem diante de seus olhos!

Você volta correndo e, todo feliz, pensa: "Matei mais uma!".

Não é verdade. Quem matou não foi você. Você é o idiota! Quem matou foi o gênio.

O que aconteceu?

Ao chegar à questão 13, o idiota berrou **"NÃO SEI FAZER!"**, e o gênio sussurrou: *"Eu sei"*.

"VOU RESOLVER A 14, a 15", continuou o idiota. E o gênio insistiu, inutilmente, "*Eu sei fazer a 13*".

De repente, na questão 31, por uma graça divina, o idiota finalmente calou a boca e, só nesse momento, você conseguiu ouvir "*Eu sei fazer a 13*".

Sei que parece conto de fantasmas, mas funciona. A parte consciente de nossa mente é apenas a ponta do iceberg, e um truque muito útil é aprender a usar a parte submersa.

Vejamos como fazer isso nos vários tipos de provas.

PROVA OBJETIVA

Vou chamar assim a famosa prova "tipo teste", com cinco opções de resposta sendo apenas uma correta. Por exemplo:

Para ter sucesso em um concurso público ou vestibular:

a) É indispensável estudar pelo menos seis horas por dia.

b) É preciso ler muito rapidamente, não perdendo tempo para fazer anotações.

c) É importante armazenar o máximo de informações na memória.

d) É importante estudar solitária e ativamente.

e) É praticamente impossível não colar durante as provas.

É muito comum, até por uma questão de economia, que essa prova solicite vários assuntos ou até disciplinas diferentes.

– *Qual a técnica mais adequada?* – Gostaria que você me perguntasse, mas isso, provavelmente, não vai acontecer. Afinal, todo mundo se acha dono das mais estranhas técnicas para se sair bem em uma prova desse tipo.

Como já preparei, com muito sucesso, diga-se de passagem, mais de 100 mil candidatos, permita-me mostrar a estratégia que tem maior probabilidade de dar certo.

Eu sempre peço a meus alunos que dividam o tempo da prova em quatro etapas.

1ª ETAPA – RECONHECIMENTO DO TERRENO

Comece a folhear o caderno de questões e gaste uns cinco minutos SEM RESOLVER NENHUMA QUESTÃO.

– Você está louco! Acabou de falar que o tempo é intencionalmente escasso, e agora me pede para não fazer nada durante cinco longos e preciosos minutos!

Calma! Mais uma vez você não prestou atenção ao que escrevi!

Eu não disse "não fazer nada", mas sim "SEM RESOLVER NENHUMA QUESTÃO".

Estou pedindo para que você se abstenha de começar a resolver as questões justamente para que possa fazer uma coisa mais importante: tomar conhecimento da prova inteira. Em cinco minutos é possível dar uma boa espiada em todas as questões, ver como estão distribuídas, reconhecer alguns desenhos etc.

Essa etapa inicial tem duas finalidades. A primeira é permitir que você estabeleça a melhor tática para atacar o inimigo.

Um equívoco trágico cometido por muitos candidatos é o de chegar para a prova com uma estratégia definida de antemão. Isso porque tudo o que você planejou se baseou em suposições de como seria a prova, e não em informações de como ela é de fato.

Há alguns anos, uma aluna brilhante assistiu às minhas aulas no curso pré-vestibular em que eu lecionava. Em todos os simulados ela sempre acertou 100% das questões de química. Adivinhe qual foi a estratégia que ela estabeleceu?

– Vou começar pelas questões de química. Nessas, pelo menos, me garanto! Isso mesmo!

Acontece que, naquele ano, a banca de química foi escolhida de forma infeliz. Os professores que elaboraram as questões não tinham nenhuma experiência nessa atividade e fizeram uma prova absurda!

Nem vou me dar o trabalho de descrever a tragédia com detalhes. Em resumo, ela passou quase o tempo todo da prova teimando em resolver a tal da química e acabou não resolvendo nada de química e nem do resto!

Esse é o perigo das estratégias preconcebidas.

Nessa rápida passagem de cinco minutos dá para você

decidir se a estratégia planejada vai funcionar ou se é melhor mudar de planos.

A segunda finalidade dessa primeira etapa talvez você já tenha adivinhado. Você (o idiota) ainda não está resolvendo nenhuma questão, mas o gênio, com certeza, já está! Ao longo desses preciosos cinco minutos o gênio já está processando!

2ª ETAPA – PEGA-VARETAS

Você já brincou de pega-varetas?

As que a gente tenta pegar primeiro são as que rolaram para longe e são, obviamente, as mais fáceis de ser capturadas. Nessa fase, você não está preocupado com a cor (que indica o valor), mas sim em faturar ao máximo antes que seja necessário atacar as mais encalacradas.

Pois é, na prova do concurso há varetas soltas. São aquelas questões que pedem "pelo amor de Deus, me resolva!".

Uma antiga brincadeira de cursos preparatórios era a de classificar essas questões usando o seguinte exemplo:

Quem descobriu o Brasil? Pedro Álvares Ca...

a) ...bril.

b) ...brul.

c) ...brel.

d) ...bral.

e) ...brol.

Você não pode chegar ao final do tempo concedido com alguma vareta solta ainda a ser resolvida.

Portanto, nessa segunda etapa, a técnica a ser usada é um pouco diferente daquela que você utilizava nos exames do colégio ou da faculdade. Ao se defrontar com uma questão de prova tipo exame (e não tipo concurso), a atitude normal é estabelecer as seguintes opções:

Se não sei resolver... pulo!

Se sei resolver... faço!

Quando a prova é de concurso (e não exame), a técnica deve ser um pouco diferente.

A primeira opção é a mesma:

Se não sei resolver... pulo!

Já a segunda tem uma pequena diferença:

Se sei resolver...

... e a resposta é imediata... faço!

... e a resposta é demorada... deixo para depois![3]

Portanto, nessa fase, o que você vai fazer é caçar APENAS as varetas soltas.

Essa técnica é tão eficaz que alguns examinadores, um pouco mais inteligentes do que a média, induziam o candidato a usá-la.

---

3 Note que, nesse caso, você precisa fazer uma marca ao lado (☺) para lembrar de resolvê-la na etapa seguinte.

Há muito tempo havia, no Estado de São Paulo, uma universidade em cujo vestibular constava uma instrução que pouca gente entendia:

> Esta prova tem 50 testes, sendo que um deles tem resposta óbvia, do tipo:
>
> Quantas são as três leis de Newton?
>
> a) 3
>
> b) 4
>
> c) 5
>
> d) 6
>
> e) 7
>
> Se a questão óbvia tiver resposta errada, a nota da prova inteira passará a ser 0 (zero).

É claro que isso provocava, em um primeiro momento, uma verdadeira "caçada" a essa vareta supersolta. Com isso, sem querer, os candidatos realizavam a etapa pega-varetas e acabavam otimizando seu rendimento.[4]

---

4 O examinador, nesse caso, não fez isso por ser "bonzinho", mas pelo simples motivo de querer selecionar os melhores sem que o resultado seja mascarado por uma estratégia equivocada.

3ª ETAPA – RESOLVENDO AS QUESTÕES MARCADAS

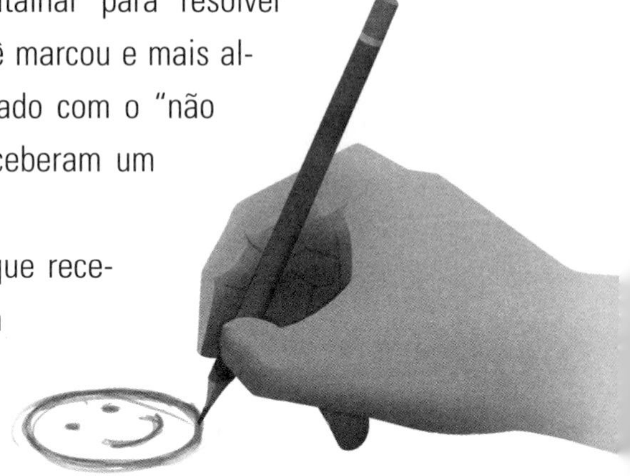

Agora você vai batalhar para resolver aquelas questões que você marcou e mais algumas que havia classificado com o "não sei fazer", mas que já receberam um "estalo" do gênio.

Algumas questões que receberam a marca (☺) podem causar uma decepção: você achou que sabia resolver e se desiludiu.

Mas nem tudo está perdido!

Afinal de contas, você se deu o trabalho de ler aquele enunciado duas vezes (o gênio já leu umas oito!).

Se você não sabe qual a opção correta, pelo menos descubra as erradas, ou seja, elimine os absurdos.

Por exemplo, digamos que você acabe de descobrir que seus conhecimentos de história a respeito do período pós-Segunda Guerra Mundial não sejam tão vastos como imaginava, e que tenha marcado o teste a seguir como um dos "*seifazermasdemora*":

> *02. (Mack-2000) Os líderes das Coreias do Norte e do Sul se reunirão em junho na capital norte-coreana, Pyongyang, para um encontro histórico – o primeiro desde 1945...*
>
> *Fonte:* O Estado de São Paulo, 11/04/00.

Sobre o assunto, é correto afirmar-se que:

a) A Coreia do Norte foi reconstruída com a ajuda soviética e, após a assinatura de um tratado de paz, tem uma economia industrial complementar à economia da Coreia do Sul.

b) Na década de 80 a Coreia do Sul perdeu grande parte da ajuda econômica soviética e sua economia entrou em estagnação com consequente redução do padrão de vida da população.

c) Os investimentos japoneses provocaram a rápida industrialização das duas Coreias, que têm suas economias centradas na exportação de bens manufaturados.

d) Devido à diminuição da qualidade de vida, a população da Coreia do Sul tem emigrado, principalmente para a Coreia do Norte e para o Brasil.

e) As Coreias foram divididas no quadro global da Guerra Fria, o que resultou numa guerra que envolveu diretamente tropas americanas e chinesas.

Agora, você analisa cada uma das opções:

a) A Coreia do Norte foi reconstruída com a ajuda soviética e, após a assinatura de um tratado de paz, tem uma economia industrial complementar à economia da Coréia do Sul.

"Sei lá, pode ser ou não. Vamos ver a outra."

b) Na década de 80 a Coreia do Sul perdeu grande parte da ajuda econômica soviética e sua economia entrou em estagnação com consequente redução do padrão de vida da população.

"Epa! A URSS nunca ajudou a Coreia do Sul, que sempre esteve sob influência norte-americana. Essa, com certeza, não é!"

c) Os investimentos japoneses provocaram a rápida industrialização das duas Coreias, que têm suas economias centradas na exportação de bens manufaturados.

"Não sei se os japoneses investiram na Coreia depois da Segunda Guerra Mundial, mas com certeza a Coreia do Norte não tem sua economia centrada na exportação de bens manufaturados. Quem exporta carros, por exemplo, é a Coreia do Sul! Vou eliminar essa também."

d) Devido à diminuição da qualidade de vida, a população da Coreia do Sul tem emigrado, principalmente para a Coreia do Norte e para o Brasil.

"Que vem sul-coreano para o Brasil, vem! Basta dar uma passada no Brás e no Bom Retiro, em São Paulo. Agora, eles emigrarem para a Coreia do Norte é um absurdo! O que acontece é o contrário: nortistas tentando fugir para o sul. Essa também está fora."

e) As Coreias foram divididas no quadro global da Guerra Fria, o que resultou numa guerra que envolveu diretamente tropas americanas e chinesas.

"Algo me diz que essa tem sentido. Vou deixá-la, por enquanto."

Depois de ter esse trabalho, você eliminou três das cinco opções: a (b), a (c) e a (d).

– Agora eu chuto?

Não faça isso! Deixe o gênio pensar mais um pouco. Enquanto isso, vá para a próxima questão.

Cuidado: olho no relógio! Quando faltarem uns 20 minutos para se esgotar o tempo, passe para a 4ª etapa.

4ª ETAPA – CHUTE INTELIGENTE

Chutar de forma inteligente não significa usar "truques espertos", como "já marquei muitas opções (a), (b), e (c); portanto, vou chutar (d) e (e)".

Chutar de forma inteligente significa usar o gênio submerso. Chute olhando para a questão, nunca para a folha de respostas (por isso, reserve um tempo suficiente para fazê-lo).

O idiota já fez tudo o que poderia ter feito. Faça com que ele saia de cena! Faça com que ele pare de berrar, de modo que você possa ouvir os sussurros do gênio.

Tente esvaziar o cérebro e olhe para as opções que não foram eliminadas.

De repente, uma leve voz, lá dentro, vai sussurrar: "É a (e)!".[5]

Marque a (e) e, pelo amor de Deus, NÃO MUDE DE IDEIA!

Você sabe do que estou falando! Essa mudança de ideia (normalmente com efeitos catastróficos) é uma tentativa do idiota de interferir na opinião do gênio.

PROVA DISCURSIVA

Nesse tipo de prova, o fator chute, aparentemente, é eliminado. Mas isso não é bem verdade.

Vou explicar melhor. A função de uma prova em um concurso, como já disse, não é testar conhecimentos, mas sim discriminar.

Se dois candidatos deixarem uma questão discursiva em branco, não sei para quem vai a vaga.

Se um deles, porém, escrever algo que não representa uma resposta completa, mas deixa entrever que ele está relacionando seu texto com o assunto, ele já estará se diferenciando em relação ao candidato que não escreveu nada. As equipes de correção, portanto, costumam ser instruídas a atribuir alguma fração de ponto a quem deu uma fração de resposta.

Digamos, por exemplo, que em uma prova de Física apareça a seguinte pergunta:

"Quem foi Hertz e por que ele se notabilizou?"

---

5 Estou falando metaforicamente. Você não vai ouvir voz nenhuma! Aliás, se começar a ouvir vozes, procure ajuda imediatamente!

Bem, alguém chamado Hertz é, provavelmente, alemão, e se a pergunta caiu na prova de Física, é bem provável que tenha sido um físico!

Mesmo que você não tenha a mais pálida ideia da resposta, não custa nada começar com um:

"Hertz foi um famoso[6] físico alemão...".

"Mas onde já ouvi o termo Hertz... hertz... hertz... mega-hertz... quilo-hertz... 700 quilo-hertz... 92,9 mega-hertz..."

"RÁDIO! Esse cara deve ter algo a ver com rádio! Vou chutar!"

"Hertz foi um famoso físico alemão que se notabilizou por seus trabalhos relativos ao rádio."[7]

A sorte está lançada!

Lembre-se: a sorte favorece os audazes!

---

6 Você não tem a menor ideia de quem foi esse tal de Hertz, mas escreva "famoso" para sugerir certa intimidade com o tema.

7 Heinrich Rudolf Hertz (1857-1894) foi um físico alemão que demonstrou a existência da radiação eletromagnética criando aparelhos emissores e detectores de ondas de rádio.

A LÓGICA DO AUTOR

Logic is the art of going wrong with confidence.[1]

Joseph Wood Krutch (1893-1970)

Quando eu era criança, ainda morando na Itália, o Natal era comemorado de uma maneira diferente da que celebramos aqui no Brasil.

No dia 25 de dezembro, as crianças não ganhavam brinquedos ou outros presentes. Ganhavam guloseimas: balas, bombons etc.

Se tivessem sido bem comportadas!

Caso contrário, elas ganhariam pedaços de carvão! Confesso que, no Natal de 1947, isso aconteceu comigo, e meu irmão mais velho se encarregou de me informar que o carvão serviria para alimentar ainda mais as chamas do inferno onde, com certeza, eu arderia por toda a eternidade.

E os presentes? Os brinquedos?

Bem, esses eram entregues no Dia de Reis (6 de janeiro), o que, se pensarmos bem, é muito mais lógico: foi o dia em que os três Reis Magos ofereceram ao Menino Jesus o ouro, o incenso e a mirra.

Esses presentes não eram entregues por nenhum Papai Noel (eu nem sabia da existência dele), mas por uma bruxa muito bondosa chamada Befana (corruptela, suponho, de Epifania, festa que encerra o ciclo do Natal).

---

1 Lógica é a arte de tomar o caminho errado com convicção.

Lembro-me de que, na véspera do Dia de Reis, eu colocava um lenço de cabeça seco sobre uma cadeira no meu quarto. No dia 6, ao acordar pela manhã, sobre a cadeira estavam os brinquedos e o lenço havia sido substituído por outro úmido, que seria o que a Befana supostamente molhara em seus voos noturnos pela nevasca.

Na Epifania de 1948, eu ainda não havia completado 5 anos e meu irmão, com 17, talvez arrependido por ter tripudiado de mim no Natal (a história do carvão), resolveu me dar um presente.

E fez isso em grande estilo: combinou com um amigo (cujo nome o trauma subsequente fez com que eu não o esquecesse mais: Franco Frosini) para ele se fantasiar de Befana, de maneira a que o presente me fosse entregue em mãos!

O Franco pegou um roupão do meu pai, um lenço de minha mãe, uma vassoura na cozinha, jogou um saco de aniagem nas costas, contendo a caixa do presente, e apareceu de repente na sala, ao som de uma banda de jazz, sapateando como uma decrépita Ginger Rogers.

Nunca me recuperei totalmente dos efeitos causados pela aparição daquela Befana! Até hoje acordo no meio da noite suando frio.

O presente? Ora, a coisa mais útil para um menino ainda analfabeto: uma caixa contendo um monte de letrinhas de plástico!

Recuperado do susto, comecei a querer "escrever". Juntava as letras de forma absolutamente casual (algumas de ponta-cabeça) e perguntava à minha irmã (então com 7 anos e já alfabetizada):

– *O que escrevi?*

– *SBRVUTZMINN!* – Ela respondia. – *Você não escreveu nada que preste!*

– *Então me ensine, por favor.* – Eu implorava.

Com muita paciência, ela pegava algumas letras e as juntava formando palavras com sentido.

– *Está vendo? Aí está escrito CASA.*

Eu olhava atentamente e tentava memorizar o DESENHO!

Ou seja, eu não tinha a menor ideia do que era um A ou um S, nem conhecia o som delas, só sabia que a "rosquinha mordida", a "escada", a "cobra" e outra "escada", juntas, significavam "CASA".

Era como se eu estivesse sendo alfabetizado em kanji:

Hoje, graças à "pedagogia" de minha irmã, leio com uma velocidade três vezes maior que a de uma pessoa normal. Em compensação, sou eventualmente torturado por dúvidas terríveis, como "o correto é balangandãs ou bagalandãs?".

Mesmo para uma pessoa alfabetizada normalmente, há, com o correr dos anos, uma passagem da leitura fonética e silábica para uma leitura ideogramática.

A prova disso é o famoso texto que corre pela internet, no qual você consegue ler fluentemente palavras com letras embaralhadas porque seu cérebro já as transformou em ideogramas:

> De aorcdo com uma peqsiusa de uma uinrvesriddae ignlsea, não ipomtra em qaul odrem as Lteras de uma plravaa etãso, a úncia csioa iprotmatne é que a piremria e útmlia Lteras etejasm no lgaur crteo. O rseto pdoe ser uma bçguana ttaol, que vcoê anida pdoe ler sem pobrlmea. Itso é poqrue nós não lmeos cdaa Ltera isladoa, mas a plravaa cmoo um tdoo.

Note, porém, que esse fenômeno, que permite uma leitura muito mais rápida, só acontece com pessoas que leem MUITO!

Não adianta nada fazer esses cursos de "leitura dinâmica" se você não for um ávido leitor.

E se você não for um ávido leitor... vire um! Caso contrário, esqueça. Você jamais vai "aguçar" sua Inteligência.

Esqueça vestibular, esqueça concurso público.

Sinto muito, só tem alguma chance de se tornar mais inteligente que lê muito, e só lê muito quem lê por prazer.

Descubra, portanto, o prazer de ler. Não interessa o que você está lendo. Interessa é que o texto prenda a sua atenção, de maneira que você até se esqueça de que está lendo, tão enfurnado que está na história.

Não sei se você notou, mas lendo a tal frase embaralhada devagar, ela continua embaralhada. É lendo depressa, "batendo os olhos", que o significado das palavras surge naturalmente. Só que esse "bater os olhos" só é possível para LEITORES.

Imaginou a enorme diferença que esse "bater de olhos" faz no tempo disponível em uma prova?

A partir dessa minha descoberta, ou seja, a de que eu sabia "escrever" e, portanto, "ler", tornei-me um ávido leitor, talvez, até, por querer imitar minha mãe, que lia pelo menos um livro por semana. Ela adorava livros de mistério e, na Itália, existe uma editora que os publica semanalmente desde 1929, sempre com a capa amarela (*giallo*, em italiano).

É claro que, depois de lidos por minha mãe, eu herdava os livros e os lia, no início, avidamente. Gostava mais dos "gialli" do que de "Topolino"[2]!

Algo, porém, começou a me incomodar.

Conforme eu ia me envolvendo na leitura, minhas suspeitas, inicialmente vagas, começavam a se concentrar sobre um personagem.

Com o desenvolver do enredo, essas suposições iam se tornando cada vez mais sólidas até chegar ao *gran finale*, no qual, normalmente, o inteligentíssimo investigador (que poderia ser

---

2 Nome dado ao Mickey Mouse na Itália.

Maigret, Poirot, Perry Mason, Nero Wolfe, Miss Marple ou outros tantos) reunia todos os indícios e, com um raciocínio lúcido e irrepreensível, provava que eu era um perfeito idiota!

O culpado era sempre outro!

E o pior de tudo é que na explicação final o gênio relembrava detalhes que me haviam escapado, e que eram a chave de todo o mistério.

Ou seja, SE EU TIVESSE PRESTADO ATENÇÃO, não teria caído na armadilha de concentrar minhas suspeitas no personagem errado.

Comecei a ler os livros seguintes com mais atenção, tentando esmiuçar todos os detalhes.

NADA FEITO!

Continuei sendo surpreendido, no final, pelas revelações dos malditos geniozinhos!

A solução do meu dilema surgiu no dia em que, durante a leitura do enésimo livro de mistério, tive uma ideia.

Ao chegar por volta do terceiro capítulo da história, já tinham sido apresentados todos os personagens. Fiz uma lista deles e me perguntei: "Se eu fosse o autor e quisesse causar a maior surpresa no final, quem escolheria como culpado?".

Atentem para o detalhe: "... SE EU FOSSE O AUTOR..."!

Escolhido o personagem, continuei a leitura. Detalhes foram me mostrando que talvez a escolha inicial não tivesse sido tão arbitrária.

Quanto mais a história avançava, mais sólidas se tornavam minhas suspeitas, até chegar ao final.

SIM, ERA ELE!

Como diria o Chapolin Colorado: "Não contavam com minha astúcia! Suspeitei desde o princípio!".

Exultante, mal pude esperar pelo próximo número.

E, outra vez... BINGO!

Resultado: parei de ler livros de mistério! Que graça tem saber quem é o assassino já no terceiro capítulo?

No cinema, então, não queira assistir filmes de suspense a meu lado. Sempre estrago a surpresa!

O engraçado é que as pessoas a quem revelo qual deverá ser o final não se conformam com o fato de que meus acertos tenham sido frutos de dedução. Afirmam que eu estou trapaceando e que já havia assistido ao filme antes.

Até certo ponto, elas têm razão. Quando faço isso, estou trapaceando, mas não da maneira que elas imaginam.

Estou trapaceando porque não me baseio na lógica do enredo, como quase todo mundo faz, mas sim na lógica do autor.

Acompanhando o enredo, realmente teria sido difícil conseguir deduzir o final. Mas o velho truque do "... E SE EU FOSSE O AUTOR?" não falha!

– Bem, como posso usar isso a meu favor? Só serve para livros e filmes de mistério? – você deve estar se perguntando.

Claro que não!

Imagine, por exemplo, esta questão hipotética:

Você sabe quanto vale 2^6?

a) 64

b) 2^6

c) 8^2

d) 4^3

e) Nenhuma das repostas anteriores satisfaz a pergunta.

Se você conhece um pouco de matemática, com certeza saberá que $\mathbf{2^6 = 2 \times 2 \times 2 \times 2 \times 2 \times 2 = 64}$.

Se você for do tipo "afobadinho", marcará a opção (a) e já correrá para resolver o teste seguinte.

Se você teve a paciência de ler a segunda opção, certamente terá pensado: "Epa! Essa também está correta. Aliás, é até mais óbvia. É claro que $\mathbf{2^6}$ vale $\mathbf{2^6}$!".[3]

A essa altura, você já desconfia que "há algo de podre no reino da Dinamarca[4]".

Lendo as outras opções, você percebe que $\mathbf{8^2 = 8 \times 8 = 64}$, e que $\mathbf{4^3 = 4 \times 4 \times 4 = 64}$.

Chegando a esse ponto, é conveniente parar de pensar na questão e começar a pensar no autor da questão!

O AUTOR!

Pense nele. Com certeza não é um tonto que, inadvertidamente, colocou mais que uma opção correta.

---

3 Quando participava do programa *Qual é o Grilo?*, na TV Cultura de São Paulo, uma professora de português me fez notar que a palavra "alternativa" só pode ser usada quando há apenas duas opções, e não cinco, como na maioria dos testes!

4 Provavelmente, aquele pestilencial Danish Blue Cheese, mais fedido do que o gorgonzola!

Pense! Ele fez isso intencionalmente.

Ora, se todas as opções são corretas e devo assinalar só uma, não posso dar preferência a nenhuma delas. A única resposta diferente é a (e).

Mas ela afirma, justamente, que nenhuma das opções que eu acho correta é correta.

O AUTOR! Pense nele!

Foi isso que ele afirmou na opção (e)? Que nenhuma das corretas é correta? O cara é louco.

Não, espera aí.

A opção (e) diz que nenhuma resposta SATISFAZ A PERGUNTA!

Mas... qual foi mesmo a pergunta?

Bem, nesse momento você faz a primeira coisa que deveria ter feito: reler a pergunta.

E aí você percebe que o AUTOR não perguntou quanto vale 2^6! Ele perguntou SE VOCÊ SABE quanto vale!

Ora! Ou VOCÊ SABE ou VOCÊ NÃO SABE; portanto, a resposta a uma pergunta dessas só pode ser SIM ou NÃO, jamais um número.

Assim, a única opção correta é a (e)!

Pense sempre no AUTOR!

Vamos agora a mais um exemplo e, nesse caso, vou exagerar um pouco para tornar mais evidente o fator sobre o qual quero chamar a atenção.

Com relação à primeira viagem de Colombo, que resultou no descobrimento do Novo Mundo, sabemos que:

a) A maioria dos navegantes da época achava que a Terra era plana.

b) Colombo queria, nessa viagem, chegar à Índia indo para Leste.

c) O próprio Colombo e os outros experientes navegantes italianos, portugueses e espanhóis sabiam que a Terra era esférica, pois desde a experiência de Eratóstenes realizada da antiguidade esse fato era sabido. O equívoco de Colombo foi subestimar o valor do raio da Terra de forma a supor que, ao aportar no Novo Mundo, ele tivesse chegado à ÍNDIA.

d) A viagem foi realizada com uma frota de quatro caravelas: a Niña, a Pinta, a Enterprise e a Santa Maria.

e) Colombo quase enfrentou um motim causado pela proibição de fumar a bordo.

Vamos supor que você desconheça completamente quem foi esse tal de Colombo. Mesmo assim, se pensar no AUTOR, poderá ter uma chance de acertar a resposta.

Qual o critério? Pense no AUTOR.

Qual a opção que se diferencia das demais? Isso mesmo, é a (c)! É a mais longa. Agora eu pergunto: presumindo que as opções erradas devem conter "abobrinhas", se você fosse o AUTOR, teria perdido tanto tempo na (c) só para escrever bobagens?

Note que, no caso de concursos (incluindo vestibulares), o AUTOR é um desconhecido que se supõe razoavelmente normal.

No caso das provas escolares, quando o professor que elabora as questões é o mesmo que dá aula, deduzir o que se passa na cabeça do AUTOR fica absurdamente mais simples!

E para encerrar essa ferramenta de resolução de mistérios, vamos revisitar a questão das três filhas, que deixou tanta gente intrigada quando da leitura do volume 1, *Aprendendo inteligência*.

> Um professor de História chegou para o professor de Matemática e disse:
>
> – *Tenho três filhas. Qual a idade de cada uma?*
>
> – *Faltam dados* – respondeu o matemático.
>
> No intuito de dar mais informações, o professor de História completou:
>
> – *Multiplicando a idade das três, o resultado é 36!*
>
> – *Ainda faltam dados!* – Retrucou o matemático.
>
> – *Por coincidência, somando suas idades, o resultado é igual ao número daquela casa* – completou o pai das três misteriosas filhas.
>
> O professor de Matemática olhou na direção apontada, sacudiu a cabeça e insistiu:
>
> – *Ainda faltam dados!*
>
> Aí, num lance de inspiração, o professor de História afirmou:
>
> – *A mais velha toca piano!*
>
> – *Ah bom! Agora dá para resolver* – disse, com um sorriso, o matemático.

Quantos "atores" há nesse teatrinho?

Se você respondeu "dois, o professor de História e o de Matemática", esqueceu do terceiro e principal personagem: o AUTOR. No caso, por tabela, EU!

Na realidade, eu não inventei esse problema. Quando era adolescente, um colega de escola o leu em uma revista (creio que era *Seleções*) e me desafiou a resolvê-lo.

Peguei lápis e papel e alguns poucos minutos depois, dei a resposta.

Mais uma vez fui acusado de trapaça!

– *Você já conhecia o problema e sabia da resposta!* – Esbravejou meu colega, intrigado com a rapidez com que eu havia desvendado o mistério.

Aí eu explique a ele o truque da "lógica do autor":

> Um professor de História chegou para o professor de Matemática e disse:
>
> – Tenho três filhas. Qual a idade de cada uma?
>
> – Faltam dados – respondeu o matemático.

Até aí, nada mais lógico.

O professor de Matemática não tem uma bola de cristal para adivinhar a idade de cada uma. Por isso, pede mais informações.

Ciência se faz com deduções ou até intuições, mas nunca com "adivinhações"!

A humanidade jamais teria chegado à Lua consultando uma cartomante. Deixe isso para solteironas encalhadas!

> No intuito de dar mais informações, o professor de História completou:

– Multiplicando a idade das três, o resultado dá 36!

– Ainda faltam dados! – Retrucou o matemático.

Pare de pensar nos personagens e pense no AUTOR.

Que informação ele tentou passar ao propor esse trecho do diálogo?

É claro que ele quer que você atente para o detalhe de que existem muitas combinações de três números inteiros que, multiplicados entre si, dão como resultado 36.

Foi nesse momento que eu peguei papel e lápis para verificar quais eram.

Se você tem um pouco de método, não vá escrever números ao acaso, tentando adivinhar quais servem.

Comece, por exemplo, esboçando todas as combinações que contenham o número 1:

$1 \times 1 \times 36 = 36$

$1 \times 2 \times 18 = 36$

$1 \times 3 \times 12 = 36$

$1 \times 4 \times 9 = 36$

$1 \times 6 \times 6 = 36$

Note que, se você continuar, a sequência que começa com o número 1 aumenta o valor do segundo algarismo, obrigando, por conseguinte, a diminuir o do terceiro. Isso fará com que recaiamos em um caso já contemplado:

$1 \times 9 \times 4 = 36$

Que já foi listado em:

$$1 \times 4 \times 9 = 36$$

Portanto, está na hora de listar as combinações que comecem com o número 2, com o 3 etc., lembrando sempre em fazer as listas em ordem crescente para não haver repetições:

$$2 \times 2 \times 9 = 36$$

$$2 \times 3 \times 6 = 36$$

$$3 \times 3 \times 4 = 36$$

Assim, a tabela que esbocei rapidamente foi:

1	1	36
1	2	18
1	3	12
1	4	9
1	6	6
2	2	9
2	3	6
3	3	4

– Por coincidência, somando suas idades o resultado é igual ao número daquela casa – completou o pai das três misteriosas filhas.

O professor de Matemática olhou na direção apontada, sacudiu a cabeça e insistiu:

– *Ainda faltam dados!*

Epa! Estamos chegando ao ponto crucial do problema!

A soma é igual ao número da casa, mas o AUTOR NÃO DISSE QUAL ERA!

Quando apresentei o problema das três filhas no volume 1, recebi inúmeros e-mails alertando que eu havia me esquecido de informar um dado da questão.

Se esse pessoal tivesse usado a lógica do AUTOR (no caso EU mesmo, o professor Pier), teria desconfiado de que ele jamais proporia como exemplo de problema para aguçar a inteligência do leitor uma questão que, se fornecido esse dado, se tornaria banal.

Portanto, o AUTOR, intencionalmente, omitiu essa informação para que outra fosse transmitida.

Pense um pouco.

Mesmo sabendo o número da casa, coisa que o leitor desconhece, o professor de Matemática disse que não poderia ainda achar a solução.

Que informação foi passada?

A de que existe mais do que uma combinação de idades que apresenta o mesmo produto e a mesma soma!

Quais seriam?

Consultando rapidamente a tabelinha que eu havia esboçado, identifiquei de imediato quais eram.

$1 + 1 + 36 = 38$

$1 + 2 + 18 = 21$

$1 + 3 + 12 = 16$

$1 + 4 + 9 = 14$

$1 + 6 + 6 = 13$ ☺

$2 + 2 + 9 = 13$ ☺

$2 + 3 + 6 = 11$

$3 + 3 + 4 = 10$

As que somavam 13. Ou seja, o número da casa era 13!

Ou temos um par de gêmeas mais velhas e uma caçulinha de 1 ano...

$1 + 6 + 6 = 13$

... ou uma primogênita de 9 anos e um par de gêmeas de 2 aninhos.

2 + 2 + 9 = 13

O diálogo continua:

Aí, num lance de inspiração, o professor de História afirmou:

– *A mais velha toca piano!*

– ***Ah bom!*** *Agora dá para resolver* – disse, com um sorriso, o matemático.

A MAIS VELHA e não **AS** MAIS VELHAS!
Era a informação que faltava.
A combinação que se encaixa é:

2 + 2 + 9 = 13

É claro que não preciso dizer o quanto o piano desencaminhou muita gente!

A informação determinante deste último trecho da questão é a de que existe apenas UMA filha mais velha. Se ela toca piano ou gaita de foles, isso é irrelevante. É apenas um recurso usado por autores de romances policiais para desencaminhar o leitor.

Note que esse problema, a rigor, não é de matemática (a aritmética usada é de 2º ano do Ensino Fundamental). Trata-se, na verdade, de um problema de lógica. De lógica e de interpretação, mas não interpretação de texto (ou não só isso), mas de interpretação das intenções do AUTOR.

Ao resolver essa questão, paira uma pergunta que me faço desde aquela tarde em Piracicaba, nas escadarias do colégio à esquina da rua Boa Morte, enquanto o bonde passava e eu rabiscava as tabelinhas.

Quem é o AUTOR? Quem se dá o trabalho de inventar uma questão dessas?

Eu tenho uma hipótese, e espero que quem tenha uma melhor me mande um e-mail no **aprendendointeligência@gmail.com** e apresente a sua.

Acho que se trata de um professor de lógica, rebelde desde criança, que assassinou a avó e pegou trinta anos de prisão por ser reincidente.

– Por que rebelde?

Por ser rebelde, deve criar constantemente problemas e, portanto, passar boa parte do tempo em uma solitária.

É nesse ambiente, na solitária, sem ter absolutamente nada para fazer, é que surgem nas cabeças insanas essas questões!

– *Mas como é que o assassino da avó consegue ser reincidente?*

Ora, meu caro Watson, todos temos duas avós!

LINGUAGEM E IMAGINAÇÃO

Logics will get you from A to B. Imagination will take you everywhere.[1]

Albert Einstein (1879-1955)

Mais uma vez, vou enfatizar a enorme importância de um bom domínio da linguagem para a resolução de determinadas questões.

O domínio da linguagem escrita só é conseguido por meio de MUITA leitura; portanto, se você quiser "aguçar"[2] sua inteligência, é indispensável que se torne um ávido leitor.

Por outro lado, nem todas as questões com as quais você se defronta ao longo da vida estão sob a forma escrita.

Uma grande quantidade, se não a maioria, é apresentada na forma oral. Isso significa que você deve desenvolver, também, uma boa habilidade em interpretar a linguagem falada.

Assim como a habilidade em decodificar a escrita só é desenvolvida por meio de uma grande exposição à palavra escrita, a de decodificar a fala pressupõe uma frequente exposição à linguagem falada. Infelizmente, nos últimos tempos, ambas as exposições têm sido drasticamente reduzidas por dois fatores.

---

1 A lógica o leva de A até B. A imaginação o leva a qualquer lugar.

2 O verbo "aguçar" tem a mesma raiz de "agulha", por exemplo. Como toda língua neolatina, o português tem um ancestral remoto: o sânscrito. Nesse idioma, originário da Índia, a raiz "AC" significa "ponta", daí, as palavras "acre", "ácido", "agudo" etc. "Aguçar" a inteligência é torná-la "pontuda", "penetrante"!

Em primeiro lugar, as pessoas, sobretudo os jovens, leem muito pouco, até por falta de tempo, que é tomado pela TV e, principalmente, por um uso obsessivo do computador. O segundo motivo é até menos óbvio, mas nem por isso menos preocupante: o uso continuado de fones de ouvido vem substituindo a exposição à fala por música, única e exclusivamente!

Os jovens de hoje têm enorme dificuldade em articular e interpretar palavras, tanto as escritas quanto as faladas!

Faça uma experiência para comprovar esse fato.

Escolha um desses pobres coitados permanentemente "plugados" e peça a ele para que retire os fones, a fim de que possa ouvi-lo.

– *Vou fazer uma pergunta e você deve responder o mais rapidamente possível! Pronto?*

– *Pronto!*

– Se *um tijolo pesa um quilo mais meio tijolo, quanto pesa um tijolo e meio?*

Em 99% dos casos o "plugado" responde:

– *Um quilo e meio!*

Ele não ouviu o que você perguntou! Ele ouviu, nebulosamente, algo assim:

– *Se um tijolo pesa UM... MAIS MEIO... quanto pesa UM... e MEIO?*

É a ecolalia em ação!

Como brincadeira, durante minhas aulas, me caracterizando um pouco como professor de Física estrangeiro e ignorante em biologia, perguntava a meus alunos:

– *Como se chama aquela ave do cerrado que não voa, é grande e parece um avestruz?*

– *Ema* – respondiam em coro os sabichões, felizes por terem mais conhecimento do que um professor.

Aí, além de estrangeiro que não domina o idioma (e muito menos conhecimentos ornitológicos), eu enfatizava o aspecto geriátrico da questão: ouvido duro! Colocava a mão em concha atrás da orelha e perguntava:

– *Como?*

– *EMA* – era o grito unânime.

– *Como? Não entendi? Vocês falam todos juntos!*

– *EMA!* – era o grito exasperado.

– *E como se chama a clara do ovo?* – Eu perguntava de supetão.

– *GEMA* – A maioria gritava.

Aí eu ficava imóvel, sem dizer nada, só olhando para eles. Sempre se passavam vários segundos antes de a maioria começar a perceber que a clara do ovo é a CLARA, e não a GEMA.

Como responder corretamente à questão do tijolo sem cair na ecolalia?

A técnica é simples para as pessoas de minha geração: basta montar uma imagem.

Disse minha geração porque estou me referindo àquela parcela da população, hoje em extinção, que passou a infância sem TV.

Sem TV e sem computador; ou seja, nós, da geração do MST[3], éramos obrigados a IMAGINAR o que a gente ouvia pelo rádio ou lia em livros praticamente sem figuras.

---

3 **M**ovimento dos **S**em **T**ela!

As gerações pós-tela, de tanto receberem imagens prontas, perderam boa parte da habilidade de imaginar.

Como corrigir isso?

Mais uma vez: LER MUITO e ouvir as notícias pela RÁDIO.

Vamos, então, usar a imaginação!

Pense em uma balança de braços iguais.

Se um tijolo pesa...

... um quilo mais meio tijolo...

Bem, a essa altura você percebeu que um tijolo corresponde, na realidade, a dois meios tijolos.

Se retirarmos, mentalmente, meio tijolo de cada um dos dois pratos, a balança continuará em equilíbrio.

Portanto, meio tijolo pesa um quilo. Isso significa que, se colocarmos mais dois meios tijolos no prato da esquerda, deveremos colocar outros dois quilos no da direita para equilibrar a balança.

Como três meios tijolos são um tijolo e meio, o problema está resolvido.

Quanto pesa um tijolo e meio?

A resposta é óbvia: **3 quilos!**

Note que, no começo, eu disse claramente: vamos usar a imaginação! Ou seja, todos os desenhos que estão aqui no livro devem surgir no interior de sua cabeça! Você deve aprender a desenhar com a mente, não só com lápis e papel.[4]

Resumindo: interpretação de texto (ou da fala) e muita, muita imaginação.

Vamos usar outro exemplo para reforçar essa ideia.

Como todo mundo sabe, existe certa animosidade, na escola tradicional, em relação aos professores de curso pré-vestibular. Não vou me deter sobre esse tema que já foi abordado no volume 3 desta coleção, mas esse antagonismo já gerou muitas situações engraçadas.

Um belo dia, eu estava dando aula em uma turma da tarde, que fazia o 3º ano do colegial pela manhã (o que, diga-se de passagem, é uma grande besteira: os alunos assistem a tantas aulas que não têm tempo de estudar), quando um dos alunos mais simpáticos da sala levantou a mão e falou:

– Mestre, nosso professor de Matemática, lá no colégio, passou um problema e disse que quem o resolvesse teria 10 de média!

– Ah, seu pilantra, você quer que eu resolva para você! Pode tirar o cavalinho da chuva. Ponha a sua cabeça para funcionar. É você que vai prestar vestibular no fim do ano.

– Ele disse que não adianta pedir ajuda porque nenhum professor do cursinho tem nível mental para resolvê-lo!

---

4 Note que essa recomendação é para o momento de resolver uma questão o mais rapidamente possível. Agora, se você estiver ESTUDANDO, para fixar conhecimento, aí sim que o uso de lápis e papel torna-se indispensável.

Já viu, né? Coisas do tipo "cuspa aqui se você for homem!", ou "meu pai é mais forte que o seu!".

Suspirei (não posso fazer feio) e disse:

– *Então manda o tal problema que ninguém consegue resolver!*

O simpático pilantra (que hoje, se não me engano, é um competentíssimo engenheiro formado no ITA) consultou o papel em que estava anotado o enunciado e mandou ver:

– **Eu tenho o dobro da idade que tu tinhas quando eu tinha a idade que tu tens. Quando tiveres a minha idade, eu terei 50 anos. Quando tu nasceste, que idade eu tinha?**

– *Você poderia reler mais lentamente?*

Assim que ele me atendeu eu demorei alguns segundos e respondi:

– *Ué! Dez anos! Onde está o problema?*

– *Não vale! O senhor já conhecia o problema! Já sabia da resposta! Respondeu rápido demais.*

Então expliquei a ele (e a toda a classe, que nesse momento estava interessadíssima no conflito) que, se eu tivesse tentado resolver algebricamente, aí sim teria demorado pelo menos uns dez minutos.

– *Na realidade, resolvi o problema por imagens e não por equações* – disse a eles. – *A imaginação é muito mais rápida.*

Peguei um pedaço de giz e falei:

– *Agora vou mostrar a vocês o que se passou na minha cabeça enquanto ele estava relendo o enunciado.*

Primeiro, esbocei uma linha do tempo:

– *Notem que desenhar a linha na lousa demora meio minuto; imaginá-la é praticamente instantâneo! É daí que vem a rapidez.* – Continuei: – *Se vocês usarem isso no concurso vestibular, vão levar muita vantagem.*

A partir daí pedi ao pilantra que relesse o enunciado e fui transformando as palavras em imagens.

– **"Eu tenho o dobro..."**

– *Como "***tenho***" é presente e a idade é o* **dobro***, podemos esboçar a seguinte figura:*

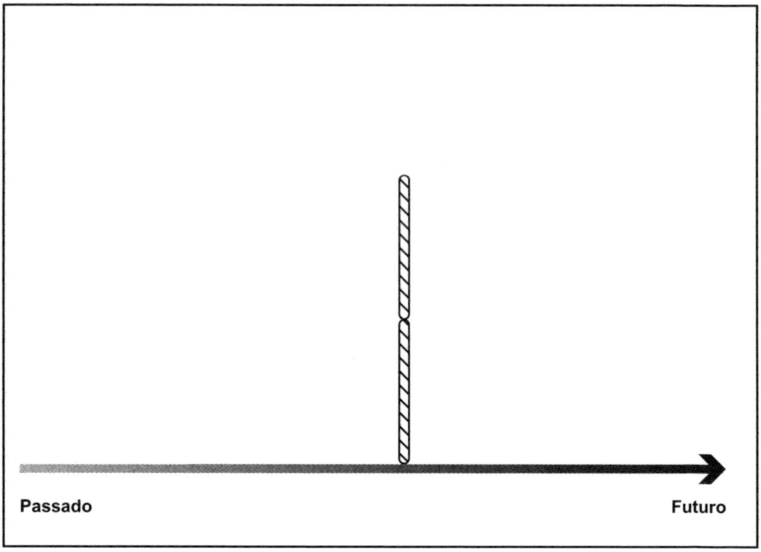

–"… da idade que tu tinhas…"

– *Ora,* "tu tinhas" *é passado!*

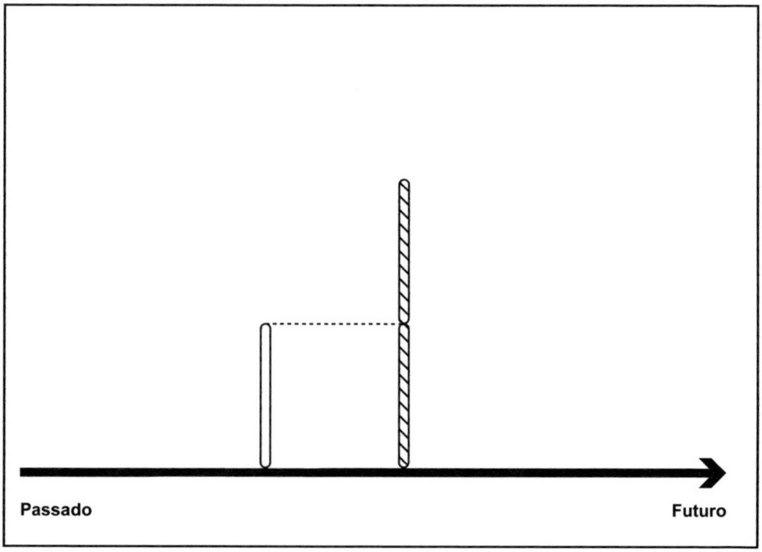

– "… quando eu tinha a idade que tu tens."

Agora complicou um pouco. A linha que mostra o envelhecimento do EU deve ser paralela à que mostra o envelhecimento do TU, afinal, o tempo corre igual para todos (desde que um deles não esteja se movendo a velocidades próximas à da luz, diria Einstein).

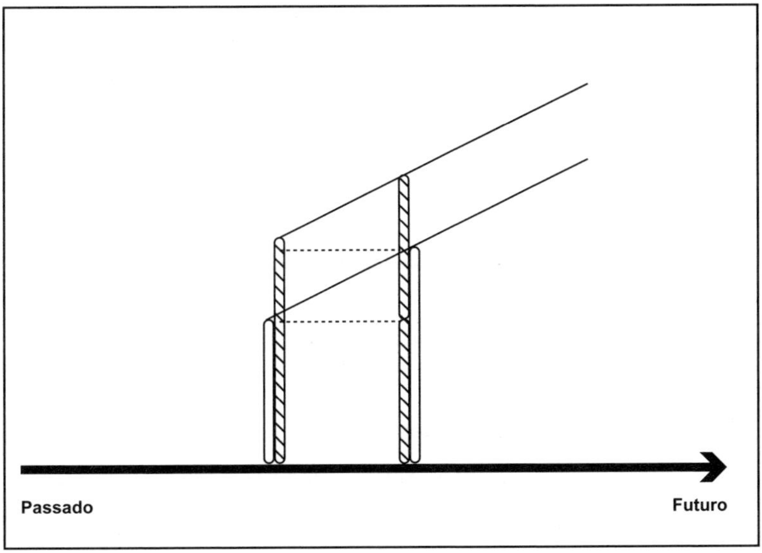

– Isso faz com que a metade superior da "minha idade" presente seja, por sua vez, cortada ao meio (o tanto que tu és mais jovem no presente é igual ao tanto que eu era mais velho no passado!). – Minha idade atual, portanto, ficou dividida em 4:

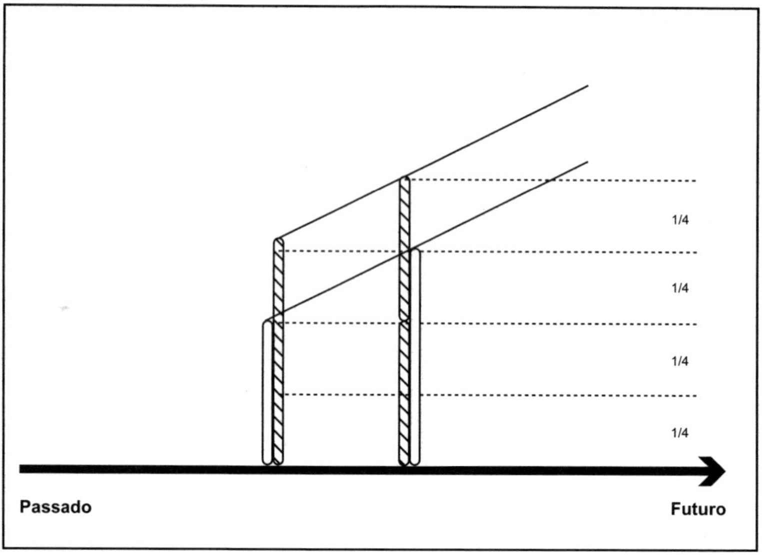

– *Por favor* – pedi ao aluno –, *termine a leitura do enunciado.*

– "Quando tiveres a minha idade..."

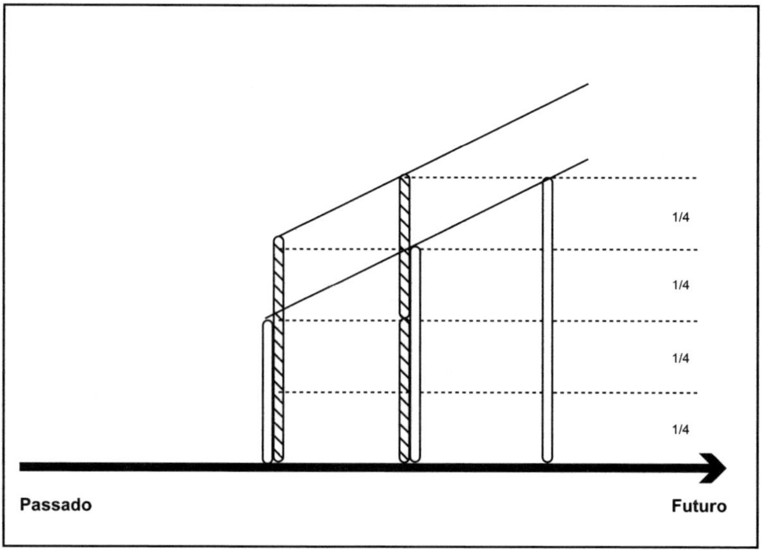

– "... eu terei 50 anos.":

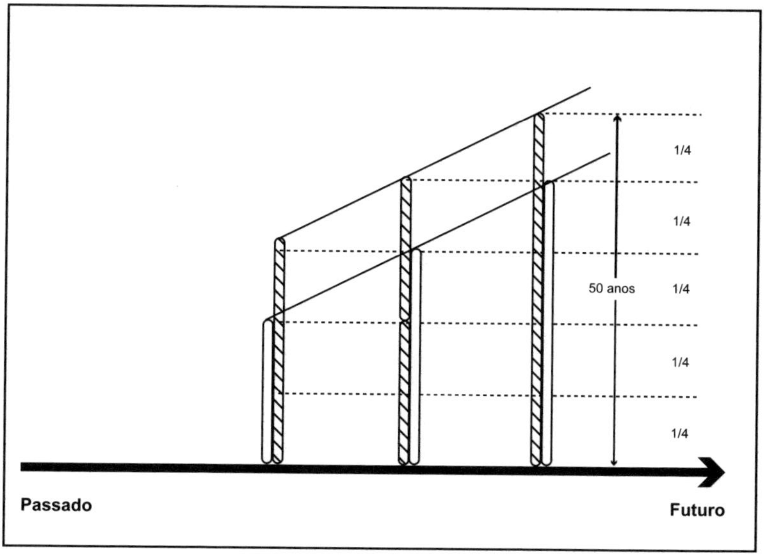

– "Quando tu nasceste, que idade eu tinha?"

– *Pela figura* – eu continuei –, *dá para perceber que os 50 anos foram divididos em 5 pedaços iguais; portanto, cada pedaço vale 10 anos. Logo, se cada pedaço vale 10 anos, o "EU" é 10 anos mais velho que o "TU"!*

Os alunos aplaudiram! Eles pensaram estar me aplaudindo pela "façanha". Na realidade, estavam aplaudindo a si mesmos por terem entendido a resolução do problema.

Agora, se você, neste instante, estiver pensando: "Sabe quando é que vou conseguir fazer um raciocínio mental assim? NUNCA!", precisa ler mais uma curta história autobiográfica.

Em vez de cursar o colegial (que hoje chamam de ensino médio), resolvi fazer um curso técnico no qual havia matérias do colegial e matérias do técnico.

Alguns de meus colegas de classe já haviam terminado o médio e, portanto, só cursavam as matérias técnicas.

Ao entrar na sala, no primeiro dia de aula, vi dois desses colegas mais velhos discutindo como acertar os coeficientes de uma reação de óxido-redução pelo balanceamento de elétrons.

$$KMnO_4 + H_2O_2 + H_2SO_4 \Rightarrow K_2SO_4 + MnSO_4 + H_2O + O_2$$

$$\downarrow$$

$$2KMnO_4 + 5H_2O_2 + 3H_2SO_4 \Rightarrow K_2SO_4 + 2MnSO_4 + 8H_2O + 5O_2$$

Juro que quase dei meia-volta e fui embora para casa!

Pensei com meus botões: "Sabe quando é que eu vou conseguir fazer isso? NUNCA!".

Um mês depois eu estava balanceando equações até mais complicadas do que a que tinha me assustado, com a maior facilidade.

Quer um conselho: releia este capítulo inteiro e tente refazer os raciocínios indicados.

Inicialmente, use até papel e lápis, reconstruindo as imagens.

Depois, em um segundo momento, feche os olhos e tente refazer tudo "lá dentro"!

Use a imaginação.

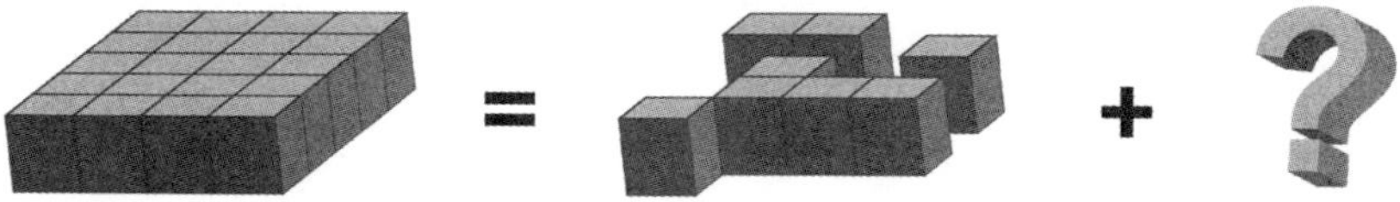

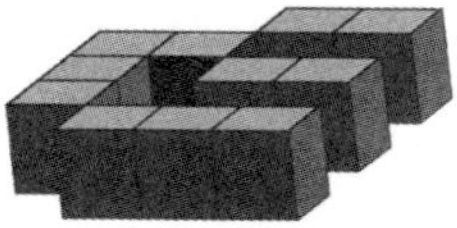

A

B

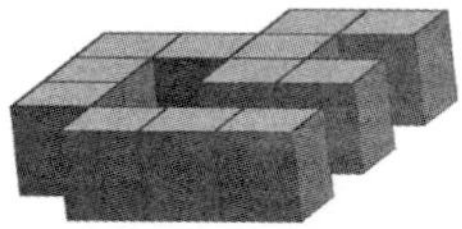

C

D

E

F

ARITMÉTICA versus ÁLGEBRA

Aritmética é a habilidade de conseguir contar até vinte sem precisar tirar os sapatos.

Anônimo[1]

No curso pré-vestibular, em que lecionei desde 1969, eram recebidos muitos alunos que, paradoxalmente, haviam feito o colegial (hoje, ensino médio, amanhã, só Deus sabe) em colégios "fortes", as chamadas escolas de primeira linha, dessas que hoje dão *tablets* para os alunos!

Sempre me perguntei: se a tal escola é tão eficiente quanto alardeia aos quatro ventos, por que seus alunos sentem a necessidade de passar um ano (ou mais, em alguns casos) fazendo cursinho?

A resposta, na maioria dos casos, é estranha. Os alunos sentem dificuldade em resolver questões de vestibular justamente por terem sido adestrados de maneira "forte".

E o que é "forte" para essas escolas? É usar as técnicas de formalização do problema a ser resolvido.

No fundo, é o excesso de álgebra em detrimento do raciocínio. É o formalismo substituindo a inteligência.

Vou dar um exemplo prático.

Suponha que um desses alunos que sofreram um processo de "bitolação" durante anos seja apresentado a um probleminha bem simples:

---

1 Provavelmente celta, gaulês ou maia.

Em um sítio, o número de vacas é o triplo do número de galinhas. Somando as patas de todas as vacas e de todas as galinhas chega-se a um total de 280.

Quantas vacas e quantas galinhas há nesse sítio?

Ele pega papel e lápis e começa a escrever:

x = número de vacas

y = número de galinhas

Como o número de vacas é o triplo do de galinhas, o ex-aluno do colégio "forte" já constrói uma primeira equação:

$x = 3y$

Somando-se as patas o total é 280. Como as vacas têm 4 patas e as galinhas apenas 2 (até um bitolado consegue ter esse tipo de raciocínio), ele monta a segunda equação:

$4x + 2y = 280$

Agora, feliz da vida, ele aplica o valor de x obtido na primeira equação e o substitui na segunda (se ele for MUITO BITOLADO, é capaz de querer resolver por determinantes, mas isso já é doença):

$4(3y) + 2y = 280$

ou

$12y + 2y = 280$

que resulta em:

$14y = 280$

$y = 280/14 = 20$ galinhas

Agora, conhecendo o valor de y, é só voltar à primeira equação para achar o x:

$$x = 3y = 3(20) = 60 \text{ vacas}$$

... e está resolvido o problema da forma mais demorada possível!

O que o bitolado fez?

Limitou-se a transformar o enunciado em proposições algébricas (as duas equações) e depois deixou que a álgebra pensasse por ele.

– *Mas... existe outra forma?*

Sim, claro!

Aritmética e imaginação.

Para cada 3 vacas você tem uma galinha.

Nesse grupo, o total de patas é 14.

Como 14 "cabe" 20 vezes em 280, temos 20 grupos desses que acabamos de IMAGINAR.

Isso dá **20** galinhas e o triplo de vacas, ou seja, **60**.

Pronto! Compare os dois métodos!

Confundir habilidade algébrica com inteligência é um equívoco que pode trazer consequências desagradáveis.

O ITA (Instituto Tecnológico da Aeronáutica) se propõe, por exemplo, a selecionar os candidatos mais inteligentes por meio de seu vestibular.

Apesar disso, tenho me defrontado com alguns engenheiros formados no ITA que são verdadeiras antas! Como isso é possível?

É só analisar o exame vestibular do ITA para perceber o quanto essa instituição valoriza a habilidade algébrica, confundindo-a com indício de inteligência diferenciada.

Certa vez, vi um professor de Física – formado pelo ITA, por sinal –, discutindo a seguinte questão:

> Um barco a motor vai de um ponto A a um ponto B de um rio, contra a correnteza, e demora 4 horas. Fazendo o percurso contrário, ou seja, a favor da correnteza, ele demora apenas 3 horas.
>
> Quanto tempo demoraria o barco para ir de A a B se não houvesse correnteza?
>
> a) 3h00min
> b) 3h12min
> c) 3h26min
> d) 3h30min
> e) 3h49min

Eu olhei a questão, pensei um pouco e disse:

– Eu acho que é a (c)!

Na hora, os outros professores me perguntaram por que eu havia escolhido essa opção.

– Bem – respondi –, *de cara, eliminei a (a), que é idiota, e a (d), que é óbvia demais* (mais uma vez, a lógica do autor).

– Aí eu calculei e achei a (c) – continuei.

– *Como calculou?*

– *E você, como você calcularia?* – perguntei curioso.

Aí o colega foi à lousa e começou:

v = velocidade do barco em relação à água

c = velocidade da correnteza

"Xii!", pensei, "começou mal".

– *Como a distância dividida pelo tempo é a velocidade* – ele continuou –, *temos:*

D/t = velocidade

contra a correnteza: D/4 = v - c

a favor da correnteza: D/3 = v + c

– *Somando as duas equações:*

3D/12 + 4D/12 = v - c + v + c

– *De onde:*

7D/12 = 2v

– *ou*

v = 7D/24

– *Sem correnteza:*

v = D/T

– Comparando as duas expressões de v:

7D/24 = D/T

7/24 = 1/T

– E daí – completou o colega –, *temos:*

T = 24/7 = 3,43 h

0,43 h x 60 min/h = 25,8 min

Resposta: 3h26 min (c)

Brilhante, não?

É por isso que, na hora do vestibular ou de um concurso, a queixa mais frequente é "não deu tempo!".

Se a questão for da área de ciências humanas, o cidadão demora um tempo enorme para ler.

Como lê pouco, não conseguiu desenvolver, ainda, o mecanismo ideogramático. Essa é a razão pela qual insisto tanto: torne-se um ávido leitor!

Genes para isso você tem! O ser humano escreve e lê (nem que seja por pictogramas) há milhares de anos!

É só driblar um pouco a tecnologia que roubou do ser humano o tempo para se dedicar a tarefas que permitem um desenvolvimento da inteligência.

E uma das tarefas mais divertidas e que mais desenvolvem a inteligência é LER.

Se, por outro lado, a questão implicar utilização da matemática, lembre-se de que a álgebra pode significar uma perda enorme de tempo.

A álgebra foi inventada por gênios, mas permite que pessoas de baixo nível de inteligência consigam resolver questões que, antes de seu surgimento, só eram resolvidas por pessoas muito inteligentes (as mesmas que inventaram a álgebra)[2].

Por isso, ela apresenta dois perigos: quando uma pessoa acha que não tem condições para se tornar mais inteligente (o que é um equívoco, todos têm condições para tanto), ela não faz o menor esforço para pensar! Formaliza algebricamente o problema e deixa que as regrinhas de manipulação pensem por ela. E se irrita profundamente quando outra pessoa, não bitolada – como, espero, seja ou venha a ser o meu leitor –, resolve a mesma questão de uma forma muito mais simples e, principalmente, rápida.

O segundo perigo tem a ver, justamente, com a rapidez: a álgebra cobra um preço muito caro em termos de tempo.

É óbvio que, para resolver muitos problemas, não há outra saída senão recorrer ao formalismo matemático, mas sempre vale a pena indagar se não existe um atalho inteligente.

No problema do barquinho, pensei:

> A correnteza contrária só seria compensada pela correnteza a favor se esta agisse durante o mesmo período de TEMPO.
>
> Façamos, então, o barco descer por mais uma hora percorrendo, portanto, mais um terço do trecho inicial.

---

2 A calculadora eletrônica portátil foi inventada por um gênio (Sir Clive Sinclair) e acabou sendo usada por pessoas que perderam a habilidade de efetuar um simples cálculo mental. Como em um concurso normalmente não é permitido o uso da calculadora, muitos candidatos acabam cometendo erros grosseiros que poderiam ter sido evitados se tivessem usado um pouco mais o cérebro e um pouco menos a tecnologia.

Somemos os 3/3 (trecho inteiro) da subida aos 4/3 da descida e obteremos 7/3 do trecho percorridos em 8 horas (4 para subir e 3+1 para descer).

Dividindo o total de horas pelo total percorrido em ambos os percursos (8 dividido por 7/3), descobrimos que o percurso será de pouco menos de três horas e meia, ou seja, a opção (c)

Simples, não?

Procure sempre o atalho da inteligência. Mas se não o encontrar, não desanime. Ainda podemos apelar para a demorada (e bitoladora) álgebra.

Um dos concursos vestibulares mais bem elaborado do Brasil é, sem dúvida, o da FUVEST, ligado à Universidade de São Paulo (USP).

Não é perfeito, mas, comparado com as catástrofes perpetradas por outros (principalmente os utilizados em universidades federais), pode ser usado como referência.

Veja, por exemplo, esta questão, do concurso de 2008:

Um aquecedor elétrico é mergulhado em um recipiente com água a 10ºC e, cinco minutos depois, a água começa a ferver a 100ºC. Se o aquecedor não for desligado, toda a água irá vaporizar e o aquecedor será danificado. Considerando o momento em que a água começa a ferver, a vaporização de toda a água ocorrerá em um intervalo de aproximadamente:

a) 5 minutos

b) 10 minutos

c) 12 minutos

d) 15 minutos

e) 30 minutos

Calor específico da água = 1,0 cal/(g°C)
Calor de vaporização da água = 540 cal/g

Desconsidere perdas de calor para o recipiente, para o ambiente e para o próprio aquecedor.

Como nosso amigo bitolado pela escola "forte" resolveria a questão?

Meio mentalmente, meio rabiscando equações em um canto, o estilo seria mais ou menos este:

Para aquecer uma massa M de água de 10° até 100°C é necessário um calor sensível:

$\Delta Q = Mc\Delta\theta = M \bullet 1 \bullet (100 - 10) = 90M$

Para evaporar a mesma massa M durante a ebulição deverá ser fornecido um calor latente:

$\Delta Q' = ML = M \bullet 540 = 540M$

Supondo que a potência térmica fornecida pela fonte de calor seja constante:

$90M/5min = 540M/T$

$T = 540M \bullet 5\ min/90M = 2.700\ min/90$

$T = 30\ min \rightarrow$ opção (e)

Não estou exagerando. Se você entrar na internet e procurar a resolução dada por muitos cursos pré-vestibulares, verá resoluções muito parecidas.

Como alguém que resolveu cultivar sua inteligência resolveria a questão?

Para aquecer 1 grama de água a 90 graus, preciso de 90 calorias.

Para evaporá-la, preciso de 540 calorias, ou seja, 6 vezes mais.

Portanto, preciso de um tempo 6 vezes maior: 5 x 6 = 30 min → opção (e)

Ou seja, aritmética, no caso, proporções que permitem um cálculo mental muito mais rápido.

Vamos a outro exemplo?

Ainda nesse vestibular:

Dirigindo-se a uma cidade próxima, por uma autoestrada plana, um motorista estima seu tempo de viagem, considerando que consiga manter uma velocidade média de 90 km/h. Ao ser surpreendido pela chuva, decide reduzir sua velocidade média para 60 km/h, permanecendo assim até a chuva parar, quinze minutos mais tarde, quando retoma sua velocidade média inicial. Essa redução temporária aumenta seu tempo de viagem, com relação à estimativa inicial, em:

a) 5 minutos

b) 7,5 minutos

c) 10 minutos

d) 15 minutos

e) 30 minutos

Procure na internet "gabaritos" elaborados por vários cursos preparatórios e colégios "fortes" e encontrará coisas assim (insisto, não estou exagerando!):

Comparando a estimativa inicial de movimento com o efetivamente realizado, observamos que só diferem no trecho em que a velocidade é reduzida para 60 km/h.

Logo, o atraso é devido a essa redução de velocidade.

Analisando, portanto, apenas esse trecho:

- Cálculo do deslocamento no movimento efetivamente realizado:

  $\Delta s = v\Delta t = 60$ km/h x $(15/60)$h $= 15$ km

- Cálculo do intervalo de tempo no movimento estimado inicialmente, ou seja, caso a velocidade permanecesse 90 km/h:

  $\Delta t = \Delta s/v = (15/90)h = (1/6)h = 10$ min

- Podemos, assim, obter o aumento no tempo de viagem:

  $\Delta t_{aumento} = \Delta t_{realizado} - \Delta t_{estimado} = 15 - 10$

  $\Delta t_{aumento} = 5$ min → opção (a)

Agora, se você fizer ginástica mental estudando pouco, mas TODO DIA, se você treinar sua agilidade de LEITURA, ARITMÉTICA e IMAGINAÇÃO, resolverá a mesma questão assim:

Andou 15 minutos com 2/3 da velocidade; portanto, sem a redução, teria demorado 3/2 desse tempo, ou seja, 10 minutos em vez de 15.

O atraso, portanto, foi de apenas 5 minutos → opção (a).

Simples, rápido e correto.

Assim, a partir de hoje, toda vez que estiver se exercitando e se defrontar com um problema cujo caminho da resolução pareça ser algébrico, pare um pouco e pense: "Será que não existe um atalho aritmético?".

Caso exista, talvez você demore muito para achá-lo, mais até do que se resolvesse o problema pelo jeito "bitolado". Mas não se preocupe: em uma primeira fase, não estamos buscando rapidez. Ela virá depois.

Inicialmente, precisamos criar o reflexo de procurar um eventual atalho.

Você verá que, com o correr do tempo, se o atalho existir, ele saltará a seus olhos muito rapidamente.

Aí sim, você, em um concurso, em um vestibular, em um exame de admissão a algum emprego, poderá se beneficiar da agilidade resultante.

Como vimos anteriormente, em regra todo processo seletivo implica a elaboração de exames cujo tempo de resolução é intencionalmente escasso.

É de propósito! Lembre-se: a função de um concurso é diferenciar o bom candidato do candidato excelente!

Se for elaborada uma prova na qual o bom resolve 100% das questões, o excelente também obterá a mesma pontuação e o exame não cumprirá sua finalidade.

Se, por outro lado, a prova tiver um tempo intencionalmente curto para que o excelente resolva, digamos, 70% das questões, e o bom 65% delas, a seleção será possível.

Portanto, a partir de hoje, comece a treinar sua agilidade mental!

Sempre tento encontrar um atalho para reduzir o tempo de resolução.
Treine sua agilidade mental!

Parte 4

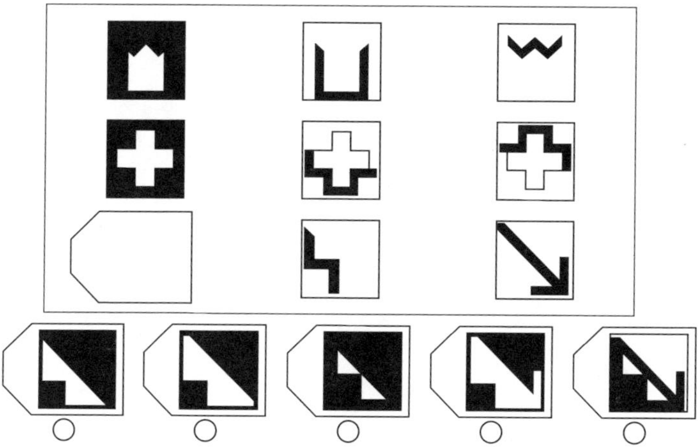

APÊNDICES

1 – LIVROS versus TV E COMPUTADOR

The smallest bookstore still contains more ideas of worth than have been presented in the entire history of television.[1]

Andrew Ross (1956-)

Uma maneira inteligente de se treinar a agilidade mental é evitar formas de diversão que entorpeçam o cérebro.

Tudo o que for envolvente e hipnótico pode esconder um perigo terrível: a preguiça mental. E não há nada mais hipnótico do que algo que tenha tela, seja TV ou computador.

Muitos leitores dos outros volumes da Coleção Neuroaprendizagem mandam e-mails com comentários e perguntas. Uma das mais frequentes é:

– *Realmente, ler em uma tela produz uma retenção menor do que ler em papel. Por que isso ocorre?*

Outra pergunta muito comum vinda dos "antenados" é:

– *Por que você afirma que escrever à mão é muito mais eficiente, em termos de aprendizagem, do que digitar?*

Correndo o risco de me tornar pedante por algumas páginas, injetando um pouco de ciência neste volume, vou descrever dois fenômenos que, aparentemente, não têm ligação entre si, mas que são de suma importância para se entender uma característica importantíssima de seu cérebro.

---

1 A menor livraria ainda contém mais ideias de valor do que as que têm sido apresentadas em toda a história da televisão.

Como você deve saber um raio de luz pode ser considerado uma onda, mas, em certas circunstâncias, comporta-se como se fosse um feixe de partículas rapidíssimas denominadas "fótons". Um fóton com muita energia, ao incidir em nossa retina, produz uma sensação visual que interpretamos como cor azul/violeta. Um fóton com metade dessa energia produzirá a sensação de vermelho.

Obviamente, na natureza existem fótons com energias ainda menores, que nossos olhos não conseguem captar, mas que utilizamos para uma infinidade de aplicações, desde os infravermelhos do controle remoto da TV até os que permitem conectar um computador a uma rede wireless.

Por outro lado, temos os fótons mais energéticos do que os que detectamos como violeta; são também invisíveis as nossos olhos, mas, nem por isso, menos importantes: os ultravioletas que nos bronzeiam e permitem a síntese da vitamina D em nossa pele, os raios X, os raios gama etc.

Quando um fóton γ (gama) de altíssima energia passa perto de um núcleo atômico, às vezes ele desaparece e sua energia é usada para criar um elétron (e^-: partícula negativa, lembra?), arrancando-o do espaço vazio.

Mas, se antes não havia nada material no local onde o fóton sumiu (espaço vazio) e dele arranquei um elétron, acabei de criar um buraco no nada, e passei a ter algo menos que o nada! Esse "algo menos que nada" se comporta como se fosse uma partícula, com todas as propriedades do elétron, só que ao contrário! Por isso, inicialmente, os físicos batizaram-no de "antielétron".

Como a propriedade mais significativa do elétron é sua carga elétrica negativa, o antielétron obviamente terá carga positiva.

Em função disso, com o correr do tempo, essa antipartícula passou a ser chamada de "pósitron" (e^+).

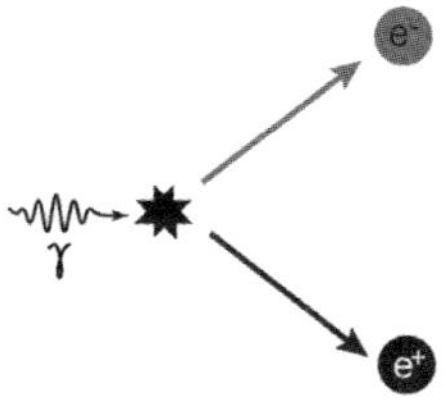

Quando um pósitron, em suas andanças pelo mundo, encontra um elétron, uma dança "mortal" se inicia. Eles começam a girar vertiginosamente um ao redor do outro até que, em dado momento, se tocam.

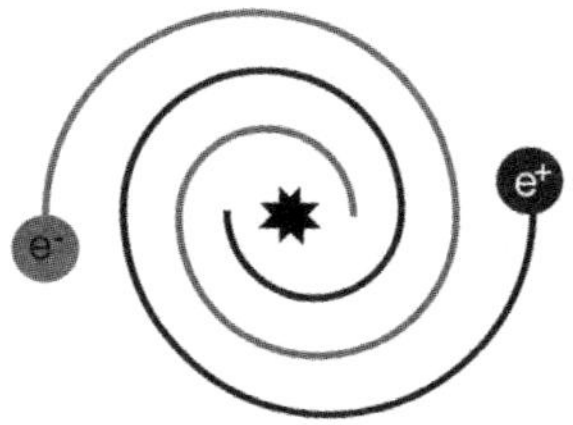

Nesse instante, eles desaparecem (aniquilação), produzindo um par de fótons γ – cada qual com metade da energia daquele γ que os havia criado – que disparam com a velocidade da luz em sentidos opostos.

Esse fenômeno é explorado em um equipamento que funciona como um verdadeiro escâner do corpo humano e, em particular, do cérebro. Vamos abrir um parêntese para entender esse processo.

Como você deve saber, o cérebro é ávido por açúcar, consumindo-o diariamente em enorme quantidade. Paradoxalmente, a maior parte desse alimento é consumida durante o sono, quando o cérebro faz a "manutenção", lembra? Esse é o motivo pelo qual a refeição mais importante do dia é o café da manhã.

Mas não adianta nada se empanturrar de doces pela manhã. Esse açúcar será metabolizado muito rapidamente, baixando a taxa de glicose no sangue, e o cérebro começará a ficar "embaçado" logo em seguida.

A glicose é consumida muito rapidamente.

A dica é se alimentar com algo que contenha amido (pão, cereal etc.).

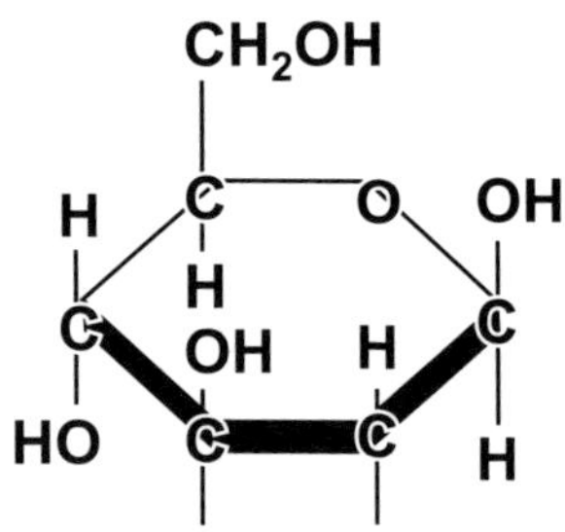

Também chamado "açúcar lento", o amido é um polissacarídeo, ou seja, uma substância formada por um monte de moléculas de glicose emendadas umas nas outras, numa espécie de corrente.

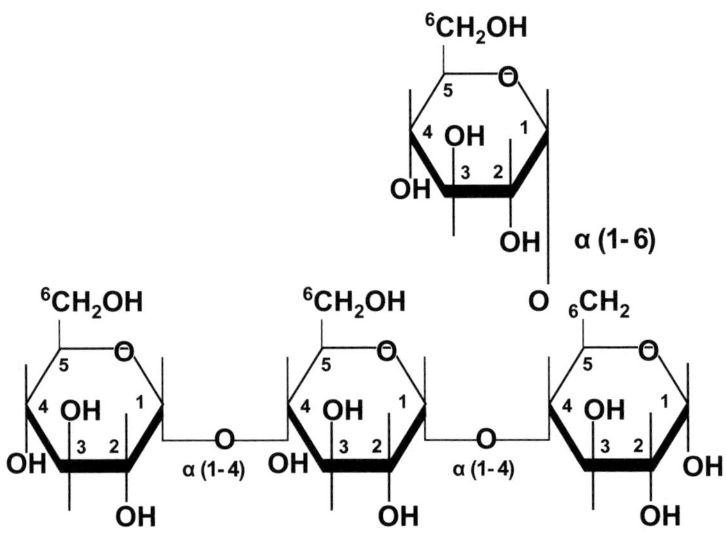

Ao longo do dia, as ligações entre as moléculas de glicose vão sendo rompidas pela digestão e, gradualmente, o açúcar entra na circulação sanguínea, mantendo uma taxa constante de suprimento ao cérebro.[2]

Portanto, se você for submetido a uma prova de concurso que dure várias horas (ou se for correr uma maratona), nada melhor do que um belo prato de espaguete antes! Depois dessa digressão gastronômica, vamos fechar o parêntese e voltar ao nosso escâner.

Se sintetizarmos uma molécula de glicose substituindo um dos grupos OH por um átomo de flúor, teremos uma substância de nome complicado (fluordeoxiglicose), mas que, abreviadamente, é conhecida como FDG.

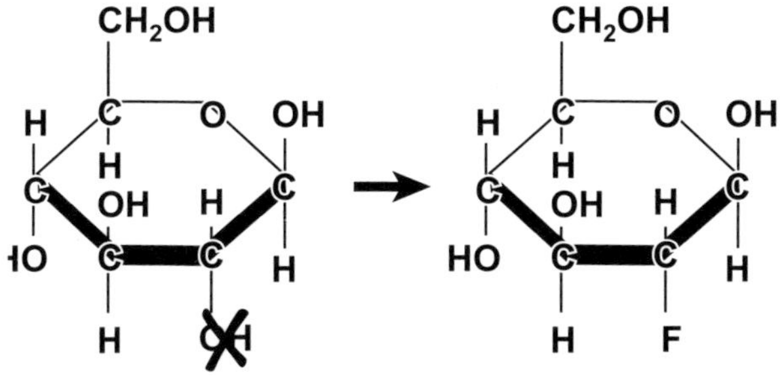

A semelhança entre as estruturas é suficiente para enganar um cérebro faminto de açúcar, e essa nova substância, se ingerida, é carregada pela circulação sanguínea justamente para as regiões do cérebro que mais estão trabalhando no momento.

2 Experimente mastigar um pouco de miolo de pão sem engoli-lo. Após certo tempo, ele ficará doce: é o amido sendo "desmontado" pelas enzimas da saliva, gerando glicose.

Para permitir a localização dessas regiões sintetiza-se o FDG usando um isótopo radiativo do flúor (F18), que decai transformando-se em oxigênio e emite um neutrino e um pósitron.

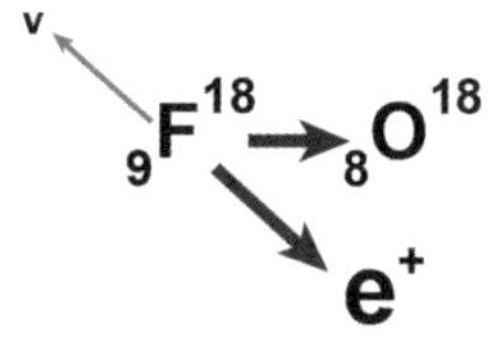

Fica evidente, então, que a região do cérebro que está sendo mais exigida estará abarrotada de pósitrons. Acontece que esses pósitrons não durarão muito tempo. Em um centímetro cúbico de cérebro existem uns 300 mil milhões de milhões de milhões de elétrons "normais" (negativos)!

Portanto, os pósitrons vindos do FDG aniquilar-se-ão[3], produzindo um par de fótons γ que partirão em sentidos exatamente opostos.

Colocando-se a pessoa cujo cérebro estamos estudando no centro de um detector de fótons γ, verificaremos que estes atingirão os elementos fotossensíveis em instantes ligeiramente diferentes.

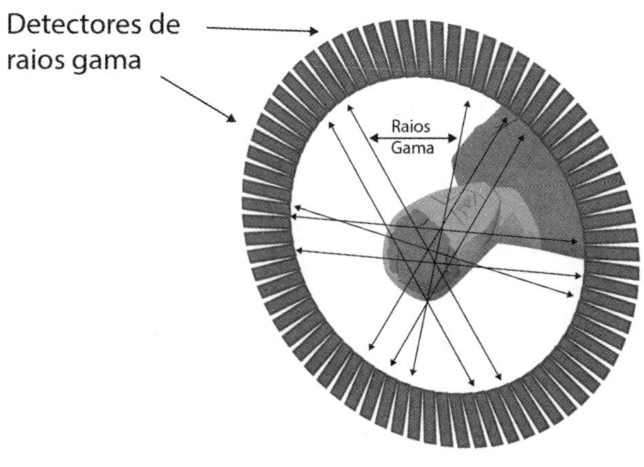

3 Eu sempre quis escrever uma mesóclise assim! Agora estou realizado!

Essa pequena diferença no tempo de chegada permite determinar a exata posição do ponto de partida do par de fótons resultantes da aniquilação.

Uma unidade de processamento de coincidência determina quais são os "integrantes do par" de fótons e informa a localização e a quantidade de detecções a um computador ultrarrápido.

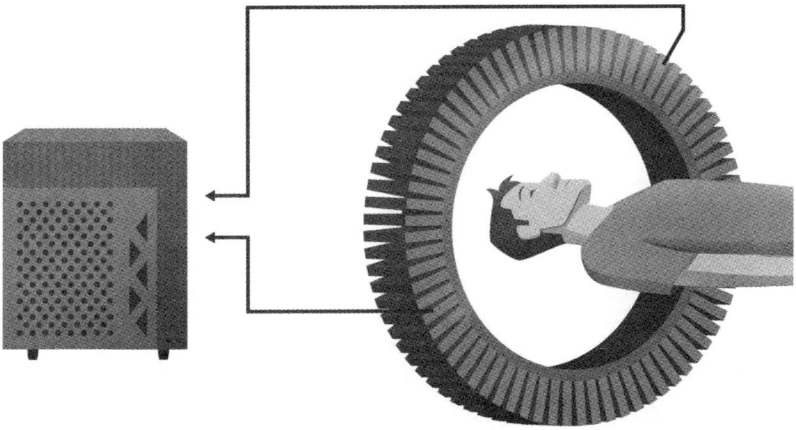

Esse computador recebe, portanto, duas informações importantes: ONDE o açúcar está sendo consumido e QUANTO!

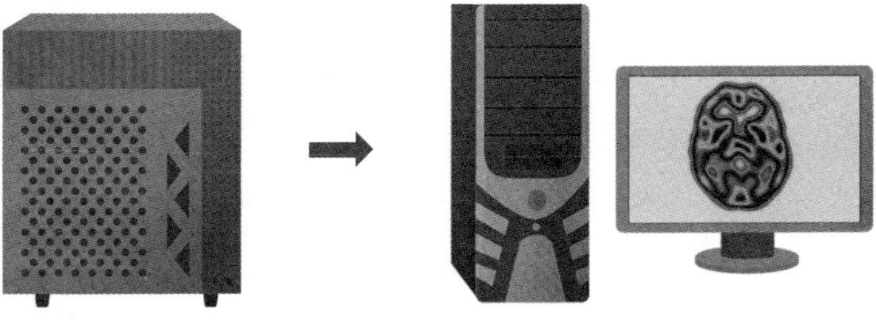

Gera-se, então, uma imagem que mostra a "fatia" do cérebro no plano do detector gama, diferenciando a intensidade com um mapa de cores falsas, ou seja, cores arbitrárias que indicam, segundo certa convenção, quantos eventos de aniquilação estão ocorrendo.

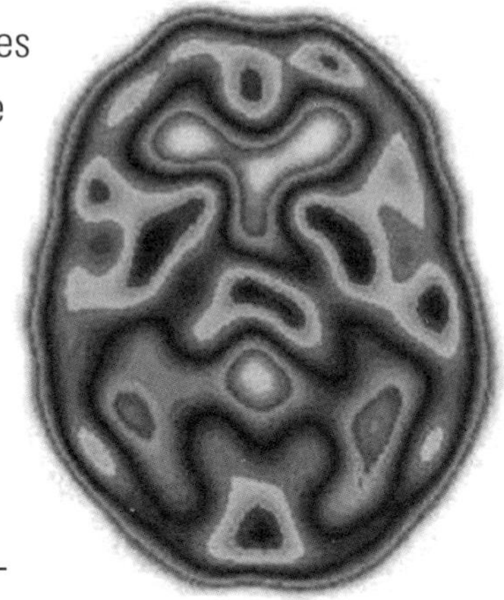

É claro que toda essa sofisticação foi criada, originalmente, para fins terapêuticos, mas, ao longo do tempo e com o aperfeiçoamento do processo, acabou sendo usada para "mapear o pensamento".

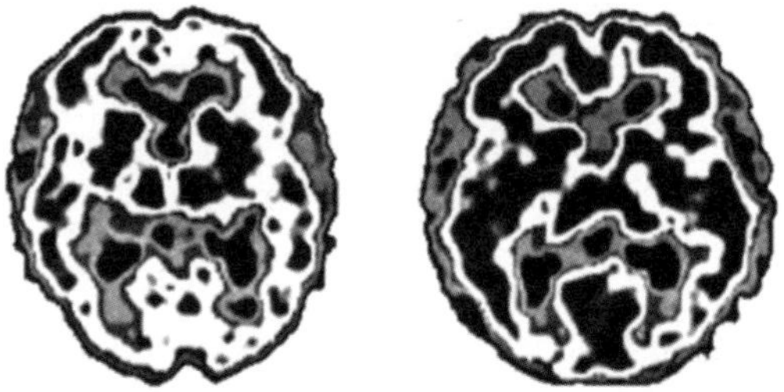

as áreas escuras indicam maior atividade

cérebro afetado por demência **cérebro normal**

A sensação de onipotência causada pela cocaína – e que tantos acidentes têm provocado – pode ser visualizada com o PET SCAN: o cérebro fica hiperativo sob o efeito da droga.

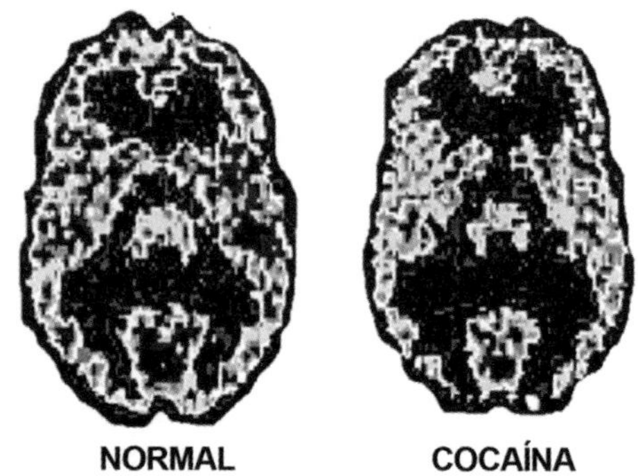

NORMAL **COCAÍNA**

Aliás, por falar em hiperatividade, no cérebro de alguém com sintomas como os atribuídos a uma falsa[4] doença denominada TDAH (transtorno de déficit de atenção com hiperatividade), é muito clara uma deficiência de atividade no lobo pré-frontal.

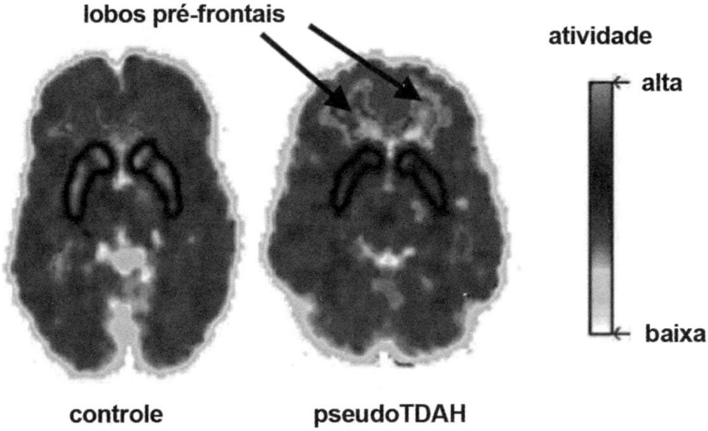

Esses sintomas podem ser mitigados ministrando-se Ritalina (metilfenidato), substância química capaz de estimular essa região do cérebro.

Infelizmente, criou-se uma imagem de remédio milagroso em torno desse medicamento, ministrado tanto para controlar crianças – muitas das quais são simplesmente mal-educadas, pois tiveram pais que não souberam impor limites – quanto para melhorar o desempenho nos estudos.

Cuidado! O metilfenidato é um psicotrópico de uso controlado que pode causar danos irreparáveis. Não existem remédios milagrosos para melhorar o desempenho nos estudos!

---

4 Três meses antes de morrer o dr. Leon Eisenberg confessou que inventou a doença para ganhar dinheiro da indústria farmacêutica, interessada em vender Ritalina.

Algumas pessoas colocam em risco sua saúde mental achando que estão se preparando melhor para um exame[5]. E o pior é que muitas mães estão pondo em perigo o futuro de seus filhos por não terem coragem de admitir que não souberam educá-los!

Se fizermos o PET SCAN de um indivíduo que esteja ouvindo apenas linguagem falada, notaremos que o lobo pré-frontal e o lado esquerdo do cérebro apresentam grande atividade.

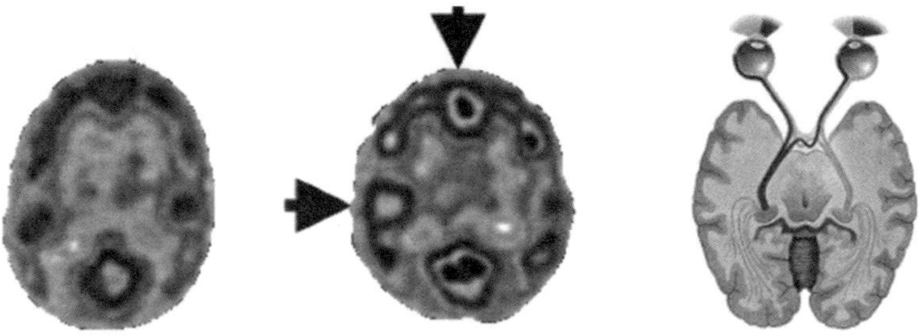

REPOUSO **SÓ LINGUAGEM**

Se ele estiver ouvindo só música, por sua vez, o lado envolvido agora será o direito.

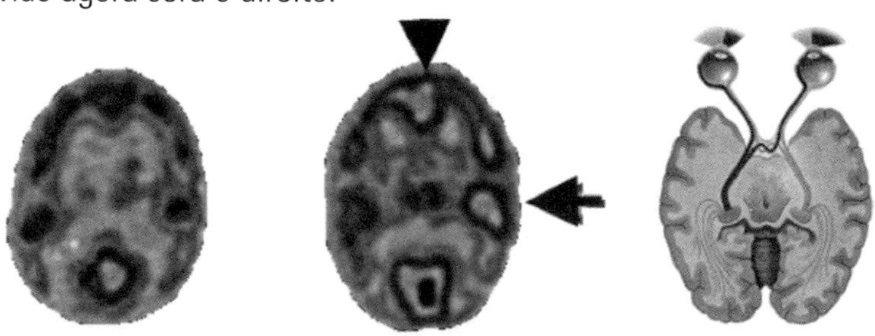

REPOUSO **SÓ MÚSICA**

---

5 Ultimamente, muitos concurseiros começaram a tomar Ritalina para aumentar o poder de concentração. É a clássica tentativa de encontrar "atalhos" e soluções "milagrosas" para melhorar nos estudos. Lembre-se, não existe poção mágica para se obter sucesso em um concurso vestibular ou público.

E, naturalmente, se estiver ouvindo linguagem falada e música ao mesmo tempo, os dois hemisférios apresentarão atividade.

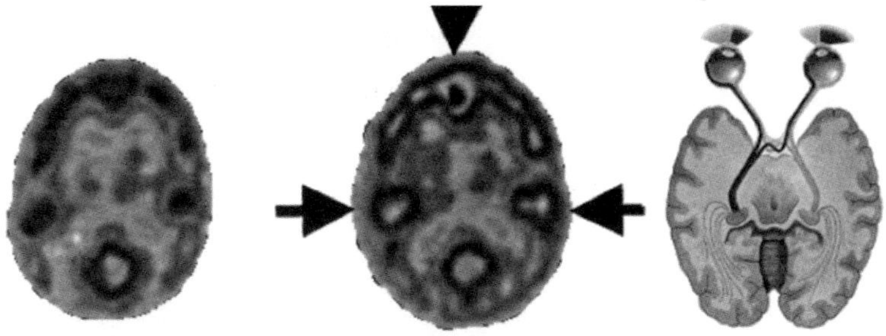

REPOUSO **LINGUAGEM E MÚSICA**

E é óbvio que, nesse momento, surge na cabeça de todos a clássica pergunta:

– *Posso estudar ouvindo música?*

A resposta é SIM!

Existe, porém, uma condição: que a música não seja cantada em um idioma que você entenda.

O motivo é claro: quando você estuda, a linguagem (e nisso incluo também a matemática) é processada no hemisfério esquerdo, enquanto a melodia ativa o direito.

Se alguém canta em um idioma que você compreenda, a decodificação da letra da música vai, sem dúvida, interferir no processamento daquilo que você está pensando e escrevendo, já que vai ser processada no lado esquerdo.

O ideal seria ouvir apenas música instrumental. Este livro, por exemplo, está sendo escrito ao som de uma banda de dixieland!

Quando o conteúdo a ser absorvido está sob a forma de letra de uma música, então, a memorização torna-se mais fácil.

São os hemisférios esquerdo e direito que estão dialogando, um ajudando o outro!

Quanto mais regiões do cérebro estiverem colaborando para a realização de uma tarefa, maior será a probabilidade de fixação no sono subsequente.

Se escrevermos, por exemplo, "ba" à mão, estaremos envolvendo muito mais regiões do cérebro do que se estivéssemos digitando as mesmas letras. O PET SCAN mostra que mais regiões se "acendem" ao escrevermos com um lápis do que com um teclado.

Por outro lado, se várias regiões do cérebro "acenderem" quando vários focos de atenção estiverem sendo utilizados, a fixação torna-se altamente improvável.

É claro, portanto, que só um idiota completo pode pensar em estudar com a TV ligada!

O cérebro é holográfico, cada atividade concentra-se em alguns pontos específicos, mas acaba interferindo em todo o resto.

Hoje sabemos, por exemplo, que o cérebro tem uma geometria de fiação muito similar à da internet.[6]

Neurônios com cabeamento curto formam núcleos densos e especializados; neurônios de cabeamento longo interligam os vários núcleos.

Cada um desses núcleos é especializado em algum tipo de atividade, funcionando, ao mesmo tempo, como se fosse um roteador que mantém os outros núcleos informados sobre o que está sendo processado.

É por isso que o cérebro tem uma estrutura "holográfica" (cada parte contendo a configuração do todo).

– Desculpe professor, mas eu não vou prestar um concurso para física médica. Sou bacharel em Direito e quero virar promotor! – ouço alguns exclamarem a essa altura da explanação. *– Por que você está me explicando tudo isso?*

É para que você entenda, com fundamento científico e não na base do "achismo" que assola o mundo da pedagogia, quais as técnicas adequadas para ter o máximo rendimento no estudo.

Dois fatos foram descobertos por meio de experiências realizadas com pessoas submetidas ao PET scanner.

Estimulando algum tipo de atividade mental (ler um texto, ouvir música, ver figuras a cores ou em preto e branco, cheirar, saborear etc.), verificou-se que existem regiões altamente especializadas no cérebro (fato já sabido, até antes do PET).

---

6 Não seria o primeiro caso em que a tecnologia imita a natureza.

O interessante, porém, foi verificar que, por mais especializada que seja a atividade, todo o cérebro acaba se envolvendo no processo, alguns núcleos de maneira mais discreta, outros mais intensamente.

- Fato um: quanto mais núcleos forem ativados durante o estudo de um assunto, mais chance ele terá de ser posteriormente gravado durante o sono REM.
- Fato dois: escrever à mão ativa muito mais núcleos do que digitar. Da mesma forma, ler em papel ativa mais núcleos do que ler em uma tela emissora de luz.

Agora que você conhece esses fatos – e depois de toda explicação técnica, espero que você acredite –, comece a estudar sempre escrevendo À MÃO e lendo em PAPEL.

Algumas pessoas se iludem achando que a tecnologia pode suprir fraquezas mentais. Esqueça! Nada pode substituir seu cérebro. Os notebooks e tablets da vida não passam de ineficientes próteses intelectuais.

Ainda com base nesse fundamento técnico, saiba que assistir às aulas presenciais ou na TV (e/ou DVD) produz um envolvimento neural muito menor do que se essas informações fossem obtidas a partir da leitura de um livro.

A tela, seja de uma TV ou de um computador, é o último refúgio dos semianalfabetos.[7]

---

7 Se você lê, como lazer, menos que 40 livros por ano, você é um semianalfabeto! Ou, brincando, um verme rastejante no lodo da ignorância"

Se você pretende competir em um concurso e ser bem-sucedido, a dica é deixar de ser um semianalfabeto.

– Se parar de ficar olhando para uma tela e me forçar em estudar em cima dos livros, vou conseguir deixar de ser um semianalfabeto?

Sinto muito, mas dificilmente isso vai acontecer!

– E como faço, então? – você deve estar perguntando.

Simples! Use suas horas de lazer.

– Pronto! Lá vem ele querendo que eu me mate de estudar!

Calma! Eu não quero estragar seus momentos de diversão. Apenas quero que você altere a forma como se diverte.

Em primeiro lugar, elimine a TV. Não reduza... ELIMINE!

– Mas... e os programas educativos, os documentários, os debates?

ELIMINE!

Independentemente do conteúdo, a TV, como dispositivo de input do cérebro, é um instrumento de imbecilização neural.

Poucos núcleos se acendem no PET quando você está assistindo TV. Esse é o motivo, inclusive, do grande sucesso da propaganda televisiva: ela se aproveita do estado de estupidificação causado por esse aparelho.

A TV não está estruturada para educar! Ela é, apenas, um instrumento de formação de CONSUMIDORES.

É claro que você pode, de vez em quando, assistir a um filme, mas o ideal seria fazê-lo em DVD para você não cair na tentação de mudar de canal.

– Mas, professor Pier, você não está exagerando? Não está sendo muito radical?

Eu é que pergunto: você quer ou não quer passar no concurso almejado?

Outra coisa a ser eliminada sumariamente: *video game*. Nesse caso, suponho que você seja suficientemente inteligente para eu não precisar explicar o motivo, né?

E o computador?

Bem, aqui não dá para ser radical (e nem quero). O computador virou um equipamento cada vez mais útil, desde que usado como ferramenta e não como instrumento de fofoca!

Esqueça as "redes sociais". Você já reparou quanto tempo as pessoas perdem de forma absolutamente imbecil conversando com seus "amiguinhos virtuais"?

– *Mas, se eu elimino tudo isso, o que faço nas horas de lazer?*

A resposta você já adivinhou: LEIA!

– *Mas ler é chato* – ouço alguns exclamarem.

Se você acha chato é justamente porque foi imbecilizado por um sistema educacional tão idiota que acha que alguém pode criar o PRAZER PELA LEITURA engolindo obras impostas por medíocres professores de literatura.

Profissionais tão medíocres que, como já foi dito anteriormente, só escolhem obras de autores lusófonos, quase todos chatos para não dizer de discutível qualidade literária.

No próximo apêndice vou justamente aconselhar um leque de leituras. Não espere livros de autoajuda ou especializados em concursos. Esses, você já sabe quais são.

Vou indicar alguns livros dos mais variados gêneros. De repente, o seu está lá e você poderá começar uma longa carreira de leitor.

2 – LEITURAS ACONSELHADAS

Books are the compasses and telescopes and sextants and charts which other men have prepared to help us navigate the dangerous seas of human life.[1]

Jan Morris (1926-)

Esta lista não é, obviamente, completa e exaustiva.

Parto do princípio de que ela se destina a alguém que está querendo cultivar o prazer de ler; portanto, é mais voltada ao público masculino (as mulheres leem muito mais que os homens) e apresenta muitas obras, digamos, juvenis.

1 Livros são as bússolas, as lunetas, os sextantes e os mapas que outros homens prepararam para nos ajudar a navegar nos perigosos mares da vida humana.

Isso não significa que os títulos se destinem apenas a um público jovem. É que nas obras mais juvenis encontramos as histórias que mais inflamam a imaginação das pessoas.[2] E é esse o ponto de partida!

Júlio Verne (1828-1905)	Vinte mil léguas submarinas
	A volta ao mundo em 80 dias
	Viagem ao centro da Terra
Edgar Rice Burroughs (1875-1950)	Tarzan, o rei das selvas
	Uma princesa de Marte
	O filho de Tarzan
Arthur Conan Doyle (1859-1930)	Um estudo em vermelho
	O mundo perdido
	O signo dos quatro
Isaac Asimov (1920-1992)	Eu, robô
	O fim da eternidade
	Os próprios deuses
	Fundação (volume 1 da trilogia)
	Fundação e império (volume 2 da trilogia)
	Segunda Fundação (volume 3 da trilogia)
Arthur C. Clarke (1917-2008)	Encontro com Rama
	A cidade e as estrelas
	O fim da infância
	2001: Uma odisseia no espaço

2 Muitos dos livros indicados são editados pela Aleph, a mesma editora que publica o livro que você está lendo neste momento. Isso pode parecer cabotino, uma forma sutil de marketing. Na realidade, essas indicações ocorrem porque a Aleph, em suas obras de ficção, procura justamente a literatura que induza o prazer pela leitura, ou seja, a que possa ajudar na formação de novos leitores.

Douglas Adams (1952-2001)	O guia do mochileiro das galáxias
	O restaurante no fim do universo
	Até mais, e obrigado pelos peixes
Dan Brown (1964-)	O código Da Vinci
	Anjos e demônios
	Fortaleza digital
J. R. R. Tolkien (1892-1973)	O hobbit
	O senhor dos anéis
	Silmarillion
Philip K. Dick (1928-1982)	O homem do castelo alto
	Ubik
	Os três estigmas de Palmer Eldritch
	Androides sonham com ovelhas elétricas?
William Gibson (1948-)	Neuromancer
	Count Zero
	Mona Lisa Overdrive
Frank Herbert (1920-1986)	Duna
Anthony Burgess (1917-1993)	Laranja mecânica
Neal Stephenson (1959-)	Nevasca (Snow Crash)
E, obviamente...	
Pierluigi Piazzi (1943-)	Aprendendo inteligência (para estudantes)
	Estimulando inteligência (para familiares)
	Ensinando inteligência (para instrutores)

É claro que a lista não é definitiva e, talvez, seja um pouco tendenciosa, mas é uma tentativa.

Quando sugiro esses títulos (ou outros similares) sou criticado por pessoas que afirmam se tratar de "literatura de entretenimento".

Ora, para um leitor, TODA LITERATURA É ENTRETENIMENTO. A única diferença entre as várias obras é o grau de maturidade que o leitor atingiu na tarefa de se apaixonar pelos livros.

Além disso, não estou "endossando" todos os livros listados. Alguns foram escolhidos não pela qualidade – caso de *O Código Da Vinci*, do qual eu pessoalmente não gostei –, mas pelo interesse e pela facilidade com que muitos "primeiros leitores" se encantaram por essas obras.

O ideal, porém, é entrar em uma biblioteca e ficar um bom tempo folheando e tentando descobrir o seu livro.

AGRADECIMENTOS

Gratitude is when memory is stored in the heart and not in the mind.[1]

Lionel Hampton (1908-2002)

Inicialmente, gostaria de agradecer aos amigos Waldir Santos, Alberto dell'Isola, Edmo Magalhães e tantos outros que escreveram obras importantes para os que querem prestar um concurso, e que muito me ajudaram na elaboração deste livro.

Porém, quero agradecer especialmente às milhares de pessoas que leram os três volumes anteriores da Coleção Neuroaprendizagem e que assistiram às centenas de palestras e aos cursos que tenho realizado por este gigantesco Brasil.

São incontáveis os comentários positivos, as inúmeras constatações de que é possível mudar o paradigma do nosso sistema educacional tornando-o compatível com o funcionamento de nosso cérebro.

Isso me incentivou a continuar nessa luta, brigando com as xiitas do construtivismo, uma novidade que pretendia consertar os equívocos da escola tradicional e conseguiu, isso sim, estragar o que havia de bom, não colocando quase nada de eficiente no lugar.

Se não fosse o apoio desses milhares de pessoas – alunos, pais, professores e instrutores de empresas – que alteraram sua maneira de pensar o que é educação, o que é realmente aprender, jamais teria conseguido obter a certeza de que esse é o caminho certo: transformar alunos em estudantes.

---

1 Gratidão é quando a memória é armazenada no coração e não na mente.

Mais uma vez quero agradecer ao meu filho Adriano (o ex--semianalfabeto que citei no volume 1), meu editor e amigo, no sentido bem amplo da palavra.

E, pela quarta vez, agradeço de coração à Nádya, minha amada esposa, por dois motivos: o primeiro, ter aturado um marido grudado em um computador por tanto tempo, para conseguir terminar este livro; o segundo, a rigorosa censura feita aos impulsos de raiva que muitas vezes deixo transparecer.

E neste volume, Nádya contou com uma cúmplice competentíssima em corrigir meus "italianismos" tanto gramaticais quanto emocionais: a Débora, que acabou contribuindo de forma muito inteligente em inúmeras mudanças do texto.

É claro que vou omitir muitos nomes (são tantos que não caberiam aqui), mas quero deixar registrados quatro deles, a quem devo muito e que não poderão lê-los nesta página. Mas, com certeza, de onde estão agora, poderão lê-los em meu coração: Simão Faiguemboim, Emílio Gabriades, Carlos Marmo e Ronaldo Moura de Sá.

Coleção Neuroaprendizagem

Durante muito tempo, acreditou-se que a inteligência fosse uma característica inata. O fator genético era considerado bem mais influente do que o fator ambiental. Porém, ficou demonstrado que inteligência, talento e vocação são características que podem ser adquiridas. Neste best-seller, dedicado aos estudantes de todas as idades, o prof. Pier ensina o leitor a aprimorar a inteligência e aplicá-la em diversas áreas do conhecimento.

As mais recentes descobertas das neurociências mostram que a inteligência pode ser aprendida, e que esse fato não se dá durante as aulas, mas no momento do estudo individual, extraescolar. Por isso o papel da família torna-se crucial, e esse livro busca orientar os pais nessa jornada.

Nesse volume, baseado em mais de 50 anos de experiência em sala de aula e mais de 100 mil alunos preparados para as melhores carreiras universitárias, o prof. Pier apresenta aos professores as inovadoras técnicas das neurociências para estimular de forma eficiente o cérebro de seus alunos, transformando-os em estudantes.

O Instituto Aleph, ligado à editora que publica a Coleção Neuroaprendizagem, organiza palestras e cursos ministrados pelo prof. Pier em escolas, faculdades e empresas.

Para informações e agendamentos:

palestraspier@institutoaleph.com.br

[55 11] 3743 3202
[55 11] 3062 5247

TIPOLOGIA:	Univers LT Std [texto]
	Antique Olive Std [títulos]
PAPEL:	Alta Alvura 90 g/m2 [miolo]
	Cartão Supremo 250 g/m² [capa]
IMPRESSÃO:	Markpress Gráfica e Editora [maio de 2014]
1ª EDIÇÃO:	outubro de 2013 [1 reimpressão]